JN410866

한국 EAP의 이해와 실천

한국 EAP의 이해와 실천

Employee Assistance Program

근로자 지원프로그램

채준안 · 이준우 공저

서현사

머리말

현대의 기업은 대내외의 무한경쟁 속에서 지속적인 성장을 추구하고 있다. 기업이 경영적 목표를 달성함으로써 근로자들은 과중한 업무를 강요받고, 고용불안과 실직, 사내경쟁, 대인관계 갈등, 건강 등의 문제로 근로자 개인의 심각한 고충이 드러나기 시작하였다. 이로 인해 근로자들은 극심한 스트레스를 경험하고 각종 심인성 질환과 업무능력 저하로 이어져 결국은 개인과 가족, 기업 모두에게 심각한 문제를 초래하고 있다. 그런데 기업은 수익을 창출해야 한다. 이를 위해서는 근로자의 역량이 강화되어 생산성이 높아져야 한다. 당연히 근로자의 생산성을 극대화하려는 노력이 절대적으로 요구된다. 그러나 이는 결코 쉬운 일이 아니다.

더욱이 우리나라처럼 노사문화가 갈등과 긴장 속에서 형성된 경우에는 원활한 소통과 상생, 협력과 상호존중 등과 같은 기업 가치와 문화가 뿌리내리는 것은 어려울 수밖에 없다. 그러다보니 직장생활을 매일 해야 하는 근로자들이 경험하는 스트레스의 강도는 대단히 크고, 이러한 스트레스를 동료나 선후배 등 주변 사람들과 쉽게 나누기도 어려운 실정이다. 이제 근로자들은 과도한 스트레스에서 더 이상 안전하지 못하다. 이러한 환경을 감안할 때, 더 이상 기업들이 가장 소중한 구성원이라 할 수 있는 근로자들의 신체적·정신적 건강에 대해 외면할 수만은 없는 것이다.

또한 최근 기업의 '사회적 책임'에 대한 인식이 확대됨과 동시에 기업복지에 대한 근로자의 관심이 증대되는 등 기존 고용주 중심의 기업경영 형태를 근로자와 고용주가 상생하는 모습으로 시급히 전환해야 한다는 목소리가 사회전반에 걸쳐 높아지고 있는 것도 근로자의 스트레스 문제를 해결하려는 움직임에 힘을 실어주고 있다.

하지만 이와 같은 사회적 요구에 부응하기에는 기존의 인사관리 조직으로는 커다란 한계를 절감할 수밖에 없는 것이 우리나라 기업들의 솔직한 현실이다. 실제로 대부분의 회사가 구성원의 스트레스 해소는 직장 상사의 일이라고 판단하여 리더에게 맡기는 경우가 많지만 리더가 구성원의 스트레스를 해소해 주는 데는 한계가 있다. 우선 직원들이 리더에게 스트레스 원인에 대해서 깊은 얘기를 하기가 결코 쉽지 않다. 리더가 직원에 대한 '평가권'을 지니고 있기 때문에 부하 직원들은 인사상의 불이익을 당할지도 모른다는 선입견을 가질 수밖에 없다. 더욱이 회사에서 받는 스트레스는 조직이나 상사에 대한 불만에서 오는 경우가 많기 때문에 이에 대해 리더와 허심탄회한 대화가 불가능하다.

또한 리더 자신도 과중한 스트레스에 노출되어 있다. 고용 불안이나 실적 압박, 은퇴 후 생활에 대한 막막함 등 직급이 높아질수록 스트레스 또한 높아지는 경향이 있기 때문에, 이들이 부하 직원의 스트레스를 관리하는 데는 한계가 있을 수밖에 없다. 설사 리더가 도와주려고 해도 그 방법을 모르는 경우가 대부분이어서 선불리 개입했다가 상태를 더욱 악화시키는 경우도 발생할 수 있다. 심지어 많은 고용주들은 아직도 근로자들의 스트레스를 개인 문제로만 보고, 오히려 스트레스가 많은 직원에게 부정적인 반응을 일부 보이면서 이들을 외면하기도 한다. 이런 면에서 우리나라 기업은 여전히 직장 내 근로자들의 스트레스에 대한 최소한의 문제의식조차 부족한 안타까운 현실이다.

이런 상황 속에서 근로자들의 스트레스를 해소하고 기업 구성원들의 역량을 극대화하는 데에 유용한 것으로 인식되어 급부상하게 된 것이 '근로자 지원 프로그램(Employee Assistance Program)'이다. 몇몇 기업에서부터 출발한 '근로자 지원 프로그램(Employee Assistance Program: EAP)'이 성과를 내기 시작하면서 보다 많은 국내 기업들이 '근로자 지원 프로그램(이하 EAP)'에 관심을 갖기 시작하고 조금씩 EAP를 도입해 나가고 있다.

실제로 EAP는 직무성과에 영향을 미칠 수 있는 개인적 문제를 완화하기 위해 조직 내부나 외부의 자원을 이용해서 제공하는 심리·사회적 서비스로서, 그 개입의 대상은 문제를 가진 근로자와 가족, 친지, 직무조직, 지역사회 전체를 포괄하고 있다. 그러므로 EAP는 근로자들이 직장이라는 환경 속에 있는 자신과 가족, 그리고 자신과 연결되거나 관계된 집단 및 지역사회를 현재 있는 지점에서 그들이 바라는 더 유능하고 만족스러운 지점까지 나아가도록 인도하는 기술이자 행위이다. 이러한 EAP는 근로자들이 자신의 비전을 키우고, 자신감을 가지며 잠재력을 발휘하도록 돕는다. 또한 근로자 자신의 기술을 스스로 증진시키며 자신이 미래를 향해 긍정적으로 설정한 목표를 이루기 위해 자기 성장과 성숙을 도모하게끔 실제적인 조치를 취하도록 돕는다.

따라서 EAP는 단순한 '상담'이 아니라 근로자의 행복한 직장생활과 고용주와 근로자 모두가 만족하는 고용유지, 스트레스 관리, 정신건강 관리, 개인·가족·집단 상담과 서비스 이용자인 근로자와의 관계형성, 고용주 계몽 및 인식교육, 직장 환경수정 및 개선 등의 영역을 전반적으로 포괄하면서 생활지원, 건강증진 및 웰니스(wellness), 위험관리 등을 구체적으로 수행해 나가는 전문적인 실천 활동이라 할 수 있다. 바로 여기에서 EAP는 치료에 관한 것이 아니라 성장에 관한 것임을 발견할 수 있다. 즉 EAP는 약점을 극복하는 데 초점을 맞추기보다는 근로자가 행복한 직장생활을 활기차게 지속해 나갈 수 있는 기술과 힘을 기르는데 초점을 맞춘다.

그래서인지 EAP는 사회복지를 전공한 저자들에게 매우 매력적으로 다가왔다. EAP의 매력은 지금까지 기업복지의 사각지대로 여겨진 근로자들을 위한 구체적인 휴먼 서비스 제공 프로그램이 EAP에 있다는 것이다.

마치 신들린 듯 EAP에 빠져든 지 2년 정도의 시간이 단 하루처럼 흘렀다. 깜빡 맛있는 토막잠을 자다가 문득 깨어서 정신을 차린 것처럼 지금 EAP 현장에서 또렷한 의식(?)으로 우리가 하고 있는 일들을 보니 이미 우리가 상당한 역할을 하고 있는 것을 발견하게 되었다. '심리학·상담학'에 기초한 접근 일변도로 수행되고 있는 기존 EAP의 한계에 고민하고 있는 국내 EAP 현장에서, 저자들이 실천하는 활동들을 보고 배워서 따라오려는 후학들과 여러 전문가들을 만나면서 우리 같이 부족한 사람들을 매우 높이 평가하는 모습에 당황스럽기도 하고, 동시에 EAP 발전에 기여해야 한다는 사명감을 가질 수 있었다.

아직 국내에는 EAP에 관한 체계적인 자료나 책들이 매우 미흡한 실정이다. 그래서 우리의 말과 글이 EAP 현장에서는 대단히 요긴하겠다는 생각이 들었다. 부족하긴 해도 우리가 열정적으로 쏟아왔던 노력의 과정과 결과들을 정리해서 책으로 세상에 내놓는 일이 나름대로 큰 의미가 있겠다는 생각이 들었다. 그래서 이 책을 집필하게 되었다.

이 책의 기반이 된 대부분의 자료들은 채준안 박사가 대표로 있는 "(주)에스엘 컨설팅(Stress & Life Balance)"과 "에스엘 EAP 연구소"에서 만든 실제적인 프로그램 계획서들과 그 내용들이며 그것들을 독자들이 쉽게 이해할 수 있도록 이준우 교수와 의기투합해 책의 형태로 풀어서 묶어내었다. 그런 후에 이를 뒷받침할 수 있는 이론들을 개발하기 위해 국내외 '사회복지학' 분야의 자료들을 취합하여 EAP에 적합하게 정리하였다.

끝으로 감사 인사를 해야 할 것 같다. 가장 먼저 감사한 사람은 부족한 남편을 항상 최고로 생각하며 인정해주고 사랑해주는 아내에게 깊은 고미움을 보낸다. 그리고 오랜 세월동안 한결같은 자세로 일해오고 있는 홍성아 이사, 김진훈 부장, 오창현 차장, 서주옥 팀장, 이원지 과장, 박애란 과장에게 고마움을 표하고 싶다. 그들은 이 책이 세상에 나오는 데에 큰 기여를 하였을 뿐만 아니라 '아무도 알아주지 않고, 눈여겨보지도 않았으며 함께 하지도 않았던 그 어려운 때'부터 '사람다움'과 '사회다움'을 실현하기 위한 채준안의 사명을 자신의 사명으로 받아들이고, 그 사명에 동참해 준 동지들이다. 그래서 고맙다는 말 가지고는 절대 부족할 정도로 참으로 소중한 사람들임을 고백한다.

또한 이 책이 나오기까지 꼼꼼하게 교정해 주며 집필을 위한 자료수집과 출판사와의 업무 조정 등을 헌신적으로 해 준 강남대학교 사회복지전문대학원 석사과정 졸업생들인 제자 박종미, 조미애, 송누리에게 고마운 마음을 전한다. 그리고 이 책의 출간을 흔쾌히 허락해 주시고 멋지게 책을 만들어 주신 도서출판 서현사 조재성 사장님과 직원 여러분께도 큰 감사를 드린다.

이 모든 것을 진행하신 하나님께 영광과 찬송과 감사를 올린다.

2012년 1월 1일
새해 첫 주일 예배를 마친 후
채준안 · 이준우

차례

제1부 EAP의 이해

제2부 EAP 실천 과정과 방법

제1부

EAP의 이해

제1부에서는 EAP의 필요성과 개념, 서비스 영역 등을 구체적으로 살펴보았으며, EAP의 주요 관점을 비롯하여 EAP에 관련된 최신 동향까지 정리하였다. 제1부에 정리된 내용들을 통해 EAP는 근로자들이 겪고 있는 업무저해 요인을 '문제 중심'이 아닌 근로자의 강점과 해결중심모델에 입각하여 해결할 수 있도록 돕는 '멘탈 서포터(Mental Supporter)'인 EAP 전문가에 의해 수행되는 구체적인 개입실천 활동임을 알 수 있다.

핵심

EAP는 직장에 근무하는 사람들을 격려하고 동기를 부여함으로써 그들이 스스로를 성장시키도록 돕는 서비스 '프로그램'이자 '과정'이다.

제1장 EAP의 필요성과 역사

현대의 기업은 대내외의 무한경쟁 속에서 지속적인 성장을 추구한다. 기업이 직면하는 새로운 환경에 대응하며 경영적 목표를 달성하는 과정에서 오늘날의 근로자들은 과중한 업무를 강요받고, 고용불안과 실직, 사내경쟁, 대인관계 갈등 등의 문제에 봉착하게 된다(박해웅·최수찬, 2005).

이러한 문제는 근로자 개인에게 심각한 고충을 야기함은 물론 업무성과 등에도 부정적인 영향을 미쳐 업무조직의 비효율성을 초래한다. 즉, 기업 내 근로자들이 경험하는 다양한 문제들은 극심한 스트레스를 일으키고, 이러한 스트레스는 다시 각종 심인성 질환과 업무성과 저하로 이어져 결국 개인과 가족, 기업 모두에게 심각한 문제를 유발한다(Matthew, Cottington, Talbott, Kuler & Siegel, 1987; 이기돈, 1996; McCann, Azzone, Merrick, Hiatt, Hodgkin & Horgan, 2010).

Tip 1 : 아래의 [그림 1－1]을 보고, 직장인의 스트레스 상황을 생각해 보자. 직장생활 속에서 직장인들이 경험하는 스트레스 상황의 사례를 구체적으로 3가지만 열거해 보기 바란다.

[그림 1－1] 직장인의 스트레스 상황

Tip 2 : 다음 [그림 1-2]는 2001년 한국직무스트레스학회에서 조사한 각 나라의 국민이 가지고 있는 스트레스 보유율을 조사한 내용을 2007년 LG 경제연구소 박지원 연구원이 '위기의 직장인, 이렇게 관리하라'는 제목의 보고서에 재인용한 것을 다시 요약 정리해 설명한 내용이다. 아래의 내용을 보고, 우리나라 직장인의 스트레스 상황이 얼마나 심각한지를 생각해 보기 바란다.

한국직무스트레스학회가 2001년 조사한 우리나라 직장인들의 스트레스 보유율은 95%로 미국 41%, 일본 61%보다도 월등히 높게 나타났다. 즉, 대부분의 구성원들이 스트레스 상황에 노출되어 있고, 많은 부분이 직무 스트레스에서 기인하고 있다. 더욱이 구성원들의 지나친 스트레스는 여러 측면에서 회사에 손실을 가져올 수 있다.

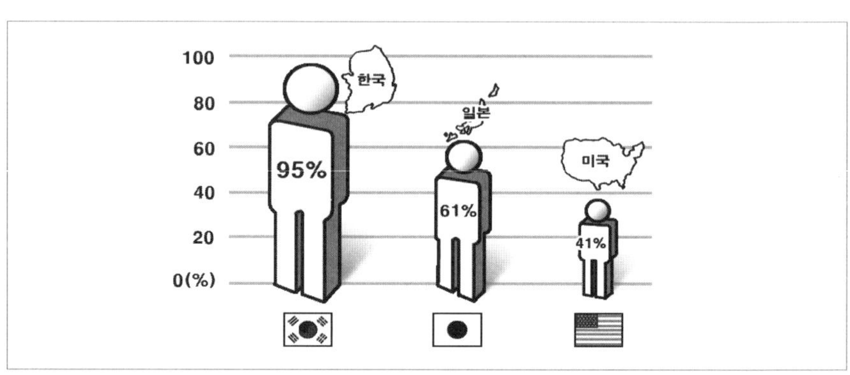

[그림 1-2] **나라별 스트레스 상황**

출처 : 에스엘 EAP 연구소(2011). "2011년도 ㅇㅇ사 근로자 지원프로그램 사업계획(안) - 부제 : 키다리 아저씨 프로젝트" p. 5.

실제로 예일대 연구팀이 발표한 논문에 따르면 우울증에 걸린 근로자는 건강한 근로자보다 결근율이 2배 높고, 생산성의 손실은 7배에 달한다고 한다. 이에 일부 선진 기업들은 이러한 문제를 인식하고 직원들의 스트레스를 관리하였는데, 그 결과 업무 몰입도가 높아지고 기업 생산성이 향상되었다고 한다. 예컨대, 미국 항공기 제조업체인 맥도널 더글러스는 이직률이 35% 감소하고 생산성이 14% 향상되었다고 한다. 또한 3M은 사내 상담실을 이용한 구성원의 80%가 성과가 향상되는 모습을 보였다고 한다.

특히 우종민(2010)은 직장에서 근로자가 느끼는 스트레스가 여러 가지 직장문제의 근원적인 요인임을 강조한다. 그러면서 그는 직장인들이 스트레스를 받는 이유를 첫째, 업무시간과 강도에 비해 낮은 임금체계, 둘째, 과중한 업무량과 장시간의 근로, 셋째, 직장상사와의 관계 문제 등으로 제시하면서 이를 해결해야만 기업의 안정적 발전을 담보할 수 있다고 하였다. 실제로 우리나라의 수많은 근로자들은 심각한 스트레스 상황에 직면해 있다고 해도 과언이 아니다. 그럴 수밖에 없는 요인들 중에서 가장 분명하게 실증적으로 제시할 수 있는 지표가 있는데, 바로 '근로시간'이다.

2010년 현재 우리나라의 근로시간은 다른 산업화된 국가들과 비교할 때, 장시간으로 나타난다. 우선 취업자를 기준으로 보면 근로시간이 가장 짧은 영국·독일·프랑스·스웨덴 등 유럽 국가들이나 호주·뉴질랜드, 기타 OECD 가입 선진국 등에 비해 연간 약 1,000시간 이상 길고, 미국이나 일본보다도 약 600~700시간 길다. 피고용자 기준으로는 유럽 국가들에 비해서 약 900시간, 미국이나 일본보다 약 500~600시간 길다.

이렇게 우리나라의 근로시간이 다른 OECD 및 산업화된 국가들과 비교해 긴 이유는 장시간 근로를 미덕으로 생각하는 동양적인 근로문화, 신규 고용보다는 초과근로를 선호하도록 만드는 노동시장의 경직성, 여가보다 소득을 선호하는 근로자의 존재 등 여러 가지 요인이 있다. 하지만 기본적으로 토요 휴무일이 다른 나라에 비해 적다는 것과 유급휴가가 수당과 연계되어 있기 때문에 부여된 휴가의 사용일수가 적다는 점이 가장 큰 이유로 나타난다(한국경제 60년사 편찬위원회, 2010).

그런데 현실적으로 근로시간이나 근무량, 낮은 임금체계 등과 같은 요인들이 하루아침에 개선되기란 불가능하다. 동시에 근로자들이 경험하는 문제는 그들의 경제적 욕구에 대한 제도적이고 물질적인 시책만으로는 해결될 수 없다. 왜냐하면 근로자는 심리·사회적인 측면, 즉 직장 내의 대인관계, 가족관계, 사회생활의 적응 등 생활상의 문제를 내재하고 있으므로 이러한 문제의 원만한 해결이나 조정 없이는 효과적인 노동력을 발휘할 수 없을 뿐만 아니라 직장생활의 정상적인 적응에도 장애가 되기 때문이다(장혁표, 1990).

결국 이런 여건 속에서 많은 근로자들은 다양한 직장부적응 문제를 갖게 될 뿐만 아니라 심한 스트레스까지 받게 된다. 이는 개인과 직장 모두에게 고스란히 피해로 돌아가게 한다.

따라서 법과 제도, 정책과 직장의 구조 등과 같은 근로환경을 전면적으로 개선할 수 없는 실정이라면, 우선적으로 직장생활에서 근로자가 당면할 수 있는 문제의 본질을 파악하고, 적극적인 개입과 예방활동을 통해 근로자의 대처능력을 고양하며, 각종 문제를 유발하는 직무 환경적 요인을 가능한 범위 내에서라도 수정·보완하는 것은 매우 중요하다(Jacobson & Jones, 2010). 그래서 서구 기업들과 이웃 나라인 일본의 경우 일찍부터 EAP를 도입하여 개인 근로자의 신체적·정서적 문제를 완화시키고, 조직의 생산성을 고양해 나가고 있는 것이다. 실제로 EAP는 직무성과에 영향을 미칠 수 있는 개인적 문제를 완화하기 위해 조직 내부나 외부의 자원을 이용해서 제공하는 심리·사회적 서비스로서, 그 개입의 대상은 문제를 가진 근로자와 가족, 친지, 직무조직, 지역사회 전체를 포괄한다고 정의할 수 있다.

최근에는 다양한 측면에서 과거 어느 때보다도 EAP를 더욱 더 적극적으로 활용하고, 폭넓은 영역으로 적용해 나가고 있는 것을 보게 된다. 예를 들면 근로자만이 아니라 그 가족도 함께 EAP 서비스를 받게끔 한다든지, 여성의 직장생활 적응에 EAP를 사용하거나 다국적 기업에서 다인종·다문화 배경에 있는 근로자들에 대한 EAP 활용 등을 들 수 있다(McCann, Azzone, Merrick, Hiatt, Hodgkin & Horgan, 2010; Pollack, Cummiskey, Krotki, Salomon, Dickin, Gray & Grisso,

2010; Lindquist, McKay, Clinton－Sherrod, Pollack, Lasater & Walters, 2010).

사실 기업은 수익을 창출해야 한다. 이를 위해서는 근로자의 역량이 강화되어 생산성이 높아져야 한다. 당연히 근로자의 생산성을 극대화하려는 노력이 절대적으로 요구된다. 하지만 이는 결코 쉬운 일이 아니다. 더욱이 우리나라처럼 노사문화가 갈등과 긴장 속에서 형성된 경우에는 원활한 소통과 상생, 협력과 상호존중 등과 같은 기업 가치와 문화가 뿌리내리기란 어려울 수밖에 없다.

이런 상황에서 EAP는 노사가 서로 이해하며 함께 힘을 모아 직장생활을 활기차게 해 나가는 데에 큰 도움을 줄 수 있다. 그러므로 우리나라 기업에서 EAP가 보다 더 적극적이며 폭넓게 활용될 필요가 있는 것이다. 향후 많은 기업에서 EAP에 대한 필요성과 중요성을 하루빨리 인식하여 EAP를 계획하거나 시행하는 경우가 점차 늘어나야 할 것으로 본다.

Tip 3 : 다소 생뚱맞을지도 모르겠으나 재미있는 이야기 하나를 제시하고자 한다. 다음 [그림 1－3]과 [그림 1－4]를 먼저 잘 살펴보자.

[그림 1－3] 토끼와 거북이의 경주

어떤 그림인가? 여러분이 잘 아는 '토끼와 거북이'가 경주하는 내용이다. 이미 우리는 거북이가 승리할 것을 다 알고 있다. 기존 이야기는 토끼가 반드시 잠을 자야만 거북이가 이길 수 있다. 하지만 토끼가 방심하고 잠을 자지 않아도 거북이가 이길 수 있다. '승리의 도구'만 제때 적절하게 주어진다면 말이다. 여기에서는 '승리의 도구'로 '롤러 브레이드'가 사용되었다. 이 그림을 갖고 비유적으로 주장해보고자 한다. EAP가 스트레스로 가득 한 직장생활을 행복한 직장생활로 바꿔줄 수 있는 소중한 도구가 될 수 있다고 말이다.

이제 EAP에 대한 개념을 'EAP의 필요성과 역사' 'EAP의 정의와 서비스 영역' 'EAP 최신동향과 전망'의 순으로 살펴보고자 한다.

[그림 1-4] 승리의 도구

1. EAP의 역사

미국이나 일본 등에 비해 우리나라는 뒤늦게 산업화를 경험하였으나, 그 과정에서 필연적으로 겪게 되는 제 문제는 이들 선진국의 상황과 유사하므로 EAP를 통한 미국과 일본 등과 같은 국가들의 문제해결 노력은 우리에게 시사하는 바가 매우 크다.

현대 과학기술 문명의 발달로 인한 급속한 기계화·자동화 현상은 사람이 하는 일을 점차 줄여나가게 함으로써 실제로 구조조정에 따른 감원과 고용불안, 사내 경쟁 과열 등과 같은 일들이 빈번하게 발생하고 있다. 또한 과중한 스트레스와 정신질환, 약물남용 등 근로자 개개인이 경험하는 직무관련 혹은 생활상의 제 문제도 점차 다양화 되어가고 있다. 하지만 이러한 문제들은 여전히 개인적 차원으로만 귀결되고 있으며, EAP를 실제 사업장에 적용하여 근로자의 복지문제로 인식하고 다루고자 하는 기업은 매우 부족한 실정이다(우종민, 2010).

특히 우리나라 직장문화의 특성상 권위적 구조로 인한 상사와의 갈등이나 강요된 회식문화 등으로 비롯되는 스트레스 또한 심각한 수준이며, 무엇보다도 우리나라 직장인들의 술 소비량이 많은 점은 직무 스트레스와 알코올 남용문제에 대한 개입에서 이미 그 효과성이 입증된 EAP를 도입하는 데에 관심을 보일 수 있는 중요한 명분이 된다고 본다(최수찬, 2004).

Tip 4 : 우리나라 직장문화의 특성을 보여주는 아래 사진을 보면서 느끼는 바를 생각해 보자.

[그림 1-5] **우리나라 직장문화의 특성**

출처 : 경향신문(2011. 07. 27일자 "부어라, 마셔라 음주바캉스에 엉덩이 비상!!")

향후 기업의 흥망성쇠는 인적자원을 얼마나 효과적으로 개발하고 활용하느냐에 달려있다고 한다면 진정한 기업복지는 사람에 대한 투자에 집중되어야 할 것이다. 그러므로 기업복지는 과거의 생활보조 중심의 외형적 성장을 지양하고, 보다 내실 있고 효과적인 질적 서비스의 확충에 역점을 두되, 그 서비스의 범위는 다양한 근로자의 욕구까지도 포괄해야 한다.

더욱이 근로자의 당면 문제는 근로자 개인으로 국한되지 않고 필연적으로 그 개인은 물론 가족 구성원에 미치는 부정적인 영향(McCann, Azzone, Merrick, Hiatt, Hodgkin & Horgan, 2010)과 사업장에서의 높은 이직률과 결근율, 생산성 저하로 이어질 수 있다는 심각성을 고려해 볼 때, EAP의 도입 필요성은 한층 더 커진다고 할 수 있다.

사실 효과적이고 효율적인 기업복지제도로서의 EAP 운용은 단순히 임금이나 근로조건을 보완하는 보조적 수단으로서의 역할을 넘어, 근로자들의 근로의욕을 고취시켜 동기유발을 제고하여 생산성을 향상시키며, 우수한 인력을 유지·확보하는 근원이 될 뿐 아니라, 기업의 사회적 책임과 이미지를 높이는 적극적인 역할을 수행할 수 있다.

또한 노사 간의 협력적인 공동체 의식을 고양하여 노사관계 안정에 기여하며, 이는 곧 기업의 경쟁력 향상으로 이어질 수 있다. 그러므로 미국과 일본 등의 오랜 근로자 원조 노하우(know-how)인 EAP를 우리나라의 사업장에 적용하고, 우리의 특성에 맞는 EAP를 개발하고 토착화시키는 것은 매우 필요한 일이라고 본다.

그러면 EAP의 역사를 EAP가 등장하게 된 배경부터 고찰하면서 발전과정을 간략하게 정리하는 순서로 살펴보고자 한다(노병일, 2000; 최수찬, 2003; 최수찬, 2004; 왕은자·김계현, 2007).

1) 등장배경

EAP는 알코올중독문제를 개선하기 위한 조치의 일환으로 미국에서부터 등장하게 되었으며 점차 다양화 되어가는 현대사회에서 발생하는 개인의 여러 가지 직장생활 상의 문제해결을 지원하는 매우 중요한 휴먼서비스 분야의 하나로 정착되고 있다. 현재는 알코올이나 약물의존문제는 극히 일부가 되었고 오히려 직장인들의 우울, 불안장애, 심신증, 인간관계의 어려움, 스트레스, 성희롱, 가족문제, 경제적 문제 등과 같은 문제들이 EAP가 다루는 주요 영역으로 부상하고 있다. EAP의 등장배경을 보다 구체적으로 살펴보면 다음과 같다.

(1) EAP 이전의 OAP

1970년대의 미국에서는 베트남 전쟁의 영향으로 알코올이나 약물 등의 의존이 커다란 사회문제가 되었다. 이 문제는 한참 일해야 할 근로자들이 음주로 인한 빈번한 사고로 인해 업무 능력의 저하나 퇴직으로까지 발전해 가는 심각한 상황이 초래됨으로 커다란 사회적 이슈가 되었다(노병일, 2000).

이를 해결하기 위해 1940년대 후반부터 사용되고 있던 직장알코올중독프로그램(Occupational Alcoholism Program : OAP)[1]을 보완하여 1970년대에 미국의 선진적 기업들을 중심으로 EAP가 본격적으로 도입되었다(노병일, 2000; 최수찬, 2004; 노동부·근로복지공단, 2010).

OAP(Occupational Alcoholism Program : 이하 OAP)는 알코올문제로 어려움을 겪는 근로자에게 알코올중독 치료를 받게 하거나 단주모임(AA)과 같은 자조집단에 가입해서 재활하게 하는 것이었다. 무엇보다도 OAP의 중요한 특징으로는 알코올중독 근로자를 처벌적 관점에서가 아니라 긍정적(건설적) 관점에서 치료한다는 점을 꼽을 수 있다(Googins & Godfrey, 1987). 물론 미국의 경우 어려움에 처한 근로자를 도와주는 일반적인 산업복지 활동은 1800년대 말에 이미 시작되었지만, EAP 활동의 기원으로 볼 수 있는 OAP는 1940년대 후반에 들어가서야 펼쳐졌다(노병일, 2000; 최수찬, 2004). 하지만 OAP는 시작과 동시에 급속도로 확대되었고, 이는 이후 EAP가 빠른 시간 내에 정착하고 크게 발전하는 데에 결정적인 역할을 하는 밑바탕이 되었다.

이렇게 미국에서 OAP가 시작되고, 확대된 계기는 다음과 같이 설명할 수 있다(Van Den Berge, 1995; 노병일, 2000; 최수찬, 2004).

첫째, 알코올중독이 직장에 미치는 영향에 대하여 관심이 커졌기 때문이다. 실제로 근로자가 알코올중독이 되면 업무에 심각한 부정적인 영향을 미치게 되고, 이는 직장에도 손실을 끼칠 수밖에 없었던 것이다.

둘째, 제2차 세계대전 당시 미국에서는 군수물자를 때에 맞추어 생산해야만 하였는데, 이 때 근로자들은 교대근무 등의 새로운 근무형태를 경험하게 되었다.

---

1 다음에서 설명되듯이, EAP란 용어는 1970년대 들어 등장하였고, 그 이전에는 OAP라고 불리었다. 즉 OAP가 확대된 것이 EAP이다. 그러므로 어떤 학자는 'OA/EAP' 또는 'OAP/EAP'라고 표시하기도 한다.

이에 따라 근로자가 스트레스를 겪게 되었고, 그 스트레스를 술로 푸는 근로자들이 크게 늘어나는 현상이 발생하였다. 그 결과, 근로자의 스트레스와 직업생활상의 어려움을 완화할 필요성이 대두하였던 것이다.

셋째, 직장 상사가 술로 인해서 부하의 직무성과가 떨어지는 것에 근거하여 문제가 있는 근로자를 찾아내어 타인(예 : 상사·동료·가족 등)에게 의뢰하여 문제해결을 위한 도움을 주도록 하였다. 이것이 큰 효과를 보게 됨으로써 보다 체계적인 프로그램인 OAP를 도입하게 되었다.

이상과 같이 미국에서 OAP가 인기리에 도입되고, 확대될 수밖에 없었던 것은 그만큼 1940년대에 근로자의 알코올·약물남용이 심각하였고, 이로 인해 비용이 많이 드는 골치 아픈 문제가 빈번하게 발생하였기 때문이다. 그리고 다른 한편으로 알코올중독은 치료가 가능하며 또 알코올 관련 재활을 성공적으로 마친 근로자가 다시 직장에서 일할 수 있다는 것이 실증적으로 인정되었고,[2] 단주모임(AA)이 알코올중독자를 치료하는데 성공적이라는 사실이 계속 임상결과로 증명되었다.[3]

이런 배경 하에서 기업의 기업주 내지 경영진은 알코올문제를 알고 있거나 경험한 적이 있었고, 실제로 근로자가 근무 중에 술을 마시거나 술 때문에 생긴 사고로 결근하는 경우에 대해 깊은 관심을 가지게 되었다. 그 결과 고용주는 직장 내에서 알코올·약물남용과 관련된 상담을 제공하고, 또 알코올·약물남용 근로자에게 직접 개입하게 되었는데, 이것이 1940년대와 1950년대에 등장한 OAP의 출발이었던 것이다(Anderson & Stark, 1988; Garvin & Tropman, 1992; Flynn, 1996; DiNitto & McNeece, 1997).

2 여기에는 1940년대에 실시한 Yale알코올연구소(Yale Center for Alcohol Studies)의 활동에 힘입은 바 컸다. 이런 활약 및 기타 계기 때문에 1956년에 미국의약협회는 알코올을 '질병(disease)'으로 인정하였다(Van Den Berge, 1995).

3 OAP를 만들기 위한 계기의 하나는 1935년에 설립된 단주모임(AA)이다(Van Den Berge, 1995).

더욱이 미국에서 '알코올남용 및 알코올중독 예방·치료·재활 종합법(Comprehensive Alcohol Abuse and Alcoholism Prevention, Treatment and Rehabilitation Act)'이 제정됨에 따라 OAP가 더욱 발전하였다. 이 법의 통과로 국립알코올중독·남용연구소(National Institute on Alcoholism and Alcohol Abuse : 이하 NIAAA)가 설립되었고, 이 법안에 따라서 모든 연방기관과 군대에 알코올 프로그램을 의무적으로 갖추게 되었다(Van Den Berge, 1995).[4]

(2) 광범위한 문제로의 확대와 EAP

OAP는 알코올·약물문제에만 관심을 가지다가, 1970년대 말에 다른 분야에도 관심을 가지기 시작하였다. 이렇게 관심의 범위를 확대한 이유는 다음과 같다(Garvin & Tropman, 1992; Van Den Berge, 1995).

첫째, 알코올·약물에서 회복중인 근로자도 단기 개입이 필요한 다른 문제(예를 들면 가족·재정·부부문제 등)에 직면하고 있었다.

둘째, 알코올중독과 관련된 낙인(stigma)과 근로자가 알코올을 부정(denial)하는 경향 때문에, 알코올중독과 관련된 산업복지 프로그램을 근로자가 활용하게 하는데 어려운 면이 있었다.

셋째, 근로자의 생산성을 감소시키는 여러 문제에 도움을 주는 광의적 접근이 협의적 접근보다 더 효과적인 것으로 밝혀졌다.

넷째, 고용주가 근로자 교육과 훈련의 가치를 깨닫고 또 숙련된 근로자를 다른 사람으로 대체하는데 드는 비용이 큼을 알게 됨에 따라 고용주가 사업장에서 사회서비스의 일환으로 OAP를 제공하였다.

따라서 1970년대에 들어 알코올·약물남용, 건강문제, 결혼문제, 가족문제, 재정문제 등과 같이 사업장에서의 직무에 부정적인 영향을 미칠 수 있는 문제들을 근로자가 극복하게끔 해주기 위하여 보다 더 포괄적인 성격을 가지는 EAP가

4 이 법안은 1972년에 개정되어 약물남용 치료까지 포함하게 되었다.

등장하게 되었다(Anderson & Stark, 1988). 특히, 1978년에 미국 국립알코올중독·남용연구소(NIAAA)가 실제로 조사한 결과, 광범위한 문제에 대해서 근로자에게 도움을 주는 것이 가장 성공적임이 밝혀졌고, 그 결과 국립알코올중독·남용연구소(NIAAA)가 EAP란 용어를 만들어냈고, 그 후에 OAP보다 EAP라는 용어를 더 홍보하기 시작하였다(Van Den Berge, 1995).

EAP는 OAP가 가지고 있는 낙인 및 기타 문제점을 극복하고, 알코올을 광범위한 맥락에서 접근하였다(Googins & Godfrey, 1987). 또한 OAP 모델에서는 재활하여 직장에 복귀한 알코올중독자가 알코올중독 치료를 주로 담당하였으나, EAP 모델에서는 EAP 전문가 및 다른 전문가가 담당자로 추가되었다(Masi, 1982). 결과적으로 EAP가 미국의 직장에서 뿌리내리게 된 결정적인 요인으로는 EAP 전문가가 개입하게 된 것을 말할 수 있다. 동시에 역설적이게도 EAP 전문가로서 EAP 전문가를 사업장에 고용하게 되는 계기를 만들어 준 것은 알코올의 남용이었다.

2) EAP의 발전과정

EAP의 발전과정을 미국과 일본, 영국 그리고 우리나라를 중심으로 살펴보고자 한다.

(1) 미국

미국에서 EAP는 아주 빠른 속도로 성장하였다. 미국의 경우, 1914년 포드사에서 근로자들의 가족문제, 대인관계문제를 해결하기 위해 전문적인 상담을 도입한 이래 OAP를 거쳐 EAP까지 이르게 되었다. 특히 OAP에서 EAP로 전환된 이후 EAP는 양적·질적으로 엄청난 발전을 이루었다. 1950년대와 1960년대 말에 EAP의 전신이라 할 수 있는 OAP는 100개 미만이었다. 그러다가 1973년에는 EAP라는 명칭으로 약 500개, 1980년에는 약 4,000~5,000개, 1981년에는 약

8,000개, 1987년에는 약 10,000개, 1991년에는 약 20,000개로 늘어났다(Googins & Godfrey, 1987; Anderson & Stark, 1988; Van Den Berge, 1995; Tyler, 1996).

2000년에는 근로자 100인 이상의 사업장 중 약 80%가 EAP를 시행하였으며 2003년의 통계에 의하면, 노동자(1억 2,800만 명)의 49%(6,280만 명)에게 EAP 서비스가 주어지고, 근로자 50명 이상의 회사(노동자수 4,100만 명)의 거의 100%가 EAP를 도입하고 있는 것으로 나타났다. 2008년에도 변함없이 근로자 50명 이상의 회사일 경우 거의 100%에 가까울 정도로 대다수 기업들이 EAP를 적극적으로 도입·활용하고 있다. 그리고 2009년 포춘지 선정 100대 기업의 80%가 임직원을 위한 심리적 조력서비스인 EAP를 활용하고 있는 것들을 살펴볼 때, 미국에서 EAP의 발전 속도를 충분히 짐작할 수 있다(Pollack, Cummiskey, Krotki, Salomon, Dickin, Gray & Grisso, 2010).

이렇게 미국에서 EAP가 빠르게 발전한 이유는 OAP의 경우와 매우 유사한데, 구체적으로 정리하면 다음과 같이 말할 수 있다(Van Den Berge, 1995; McCann, Azzone, Merrick, Hiatt, Hodgkin & Horgan, 2010).

첫째, 근로자들이 당면하고 있는 문제의 심각성과 재활의 필요성이 사회적으로 확산되었고, 여성의 사회진출이 일반화됨에 따라 육아 및 노부모 부양 등의 문제가 크게 대두되었으며, 결국 이러한 문제들이 업무조직에게 직·간접적인 비용부담으로 작용했던 점 등을 들 수 있다.

둘째, 알코올·약물중독, 정신병, 스트레스와 관련된 비용이 크다는 사실이 사회적으로 점점 인식되었으며 특히 의료와 관련하여 비용이 증가하였고 고용주는 높은 의료비용을 줄이기를 원하였다. 실제로 EAP가 가져오는 비용절감 효과는 EAP 프로그램을 일반화하는데 크게 기여했는데, 참고로 EAP를 실시한 기업의 경우 근로자의 생산성 향상은 물론 프로그램 투자액 대비 5배의 손비절감 효과를 가져왔으며, 조사대상 기관 중 71%가 산업재해 발생률이 감소하는 효과를 보였다(U.S. Department of Labor, 1990).

셋째, 알코올중독에 대한 사회적 인식이 바뀌어 알코올중독을 질병으로 간주하는 경우가 많아지고 있고, 알코올중독 근로자가 재활프로그램에 참여하려는 경향이 커지고 있는 데에 있다.

넷째, 여성과 소수민족의 노동시장 참여가 증가하고 있는데, 여성과 소수민족은 사회서비스 프로그램을 제공받을 필요성이 더 컸다. 이것은 특히 가정과 직장을 조화시켜야 하는 여성에게 더욱 그러하였다.

(2) 일본

일본에서는 1996년에 통신기기 제작 기업인 모토로라 일본 법인이 EAP를 도입한 것이 시초라 할 수 있으나 EAP 도입의 필요성은 그 이전부터 계속 제기되어 왔다. 특히 1990년대의 어려운 경제 환경과 일본식 고용 제도의 변혁기에 근로자의 심리적 부담이 증대하면서 1997년 노동성 조사에서 근로자의 75.4%가 마음이 지친다고 호소하였다.

또한 1990년대 중반 이후 스트레스로 인한 뇌심혈관계 질환이 산업재해의 주요 질환으로 나타났다. 이러한 상황을 해결하기 위해 일본 정부는 뇌심혈관 질환 예방 법규를 강화하기 시작했으며 기업은 사회적 책임을 이행하고 집단 소송에 대비하기 위해 과로사나 우울증을 관리하기 시작하였다.

그 결과 경영자와 근로자, 국가 모두가 근로자의 생산성 향상을 위해 고민하기 시작했고 이러한 배경 아래 기업 경영인들이 정신건강관리 방법으로써 EAP에 주목하기 시작하게 되었다.

이러한 일본 EAP의 특징을 간략하게 요약하면 다음과 같이 정리할 수 있다(노동부·근로복지공단, 2010).

① 초과근무 문화에 대한 반발로 인한 발전

일본 EAP는 직장 내 '과로사'와 '근로자 자살' 등이 사회적으로 이슈화되면서 1990년대에 크게 발전하였다. 특히 결정적인 계기는 1990년대 후반 덴쯔(Dentzu)라는 거대 광고 회사 직원이 초과 근무로 인한 스트레스로 자살한 사건이 발생하였고, 이에 대한 책임으로 회사가 피해자 가족에게 2억 5천만 엔을 배상하였다. 결과적으로 일본 특유의 초과 근무 문화에 대한 반발이 확산되었고, 정부 또한 초과 근무 시간에 따른 책임 규정을 신설하여 시행하였다. 즉, 월 40~70시간은 상황에 따른 책임, 월 70~100시간은 대부분이 회사 책임, 100시간 이상일 경우에는 회사의 책임으로 규정하였다. 이렇게 규정을 만들 정도로 근로자의 과로와 스트레스 등은 과중하였다. 그 결과 EAP는 초과 근무 문화 속에서 고통받고 있는 많은 근로자들을 효과적으로 지원하는 데에 큰 성과를 거두게 되었다.

② 정부의 체계적인 가이드라인 제시

2000년대에 들어서면서 일본 정부가 체계적인 가이드라인을 제시[5]함으로써 기업들의 EAP 등 정신건강 관리 시스템의 도입이 적극 장려되고 있다는 점이다. 이로 인해 일본에서 EAP는 과거 어느 때보다도 주목받고 있다. 그 이유는 정부의 '가이드라인'인 2000년에 발표하여 2005년에 의무화된 일본 후생 노동성의 '마음의 건강 만들기 지침'에서 제시하고 있는 4가지 케어를 효과적으로 전개하는 EAP 프로그램 때문이다.

5 예를 들면 '마음의 건강 만들기 지침'을 내는 등 대책을 마련하기 시작하였다.

Tip 5 : 4가지 케어의 요점은 다음 [그림 1－6]과 같다.

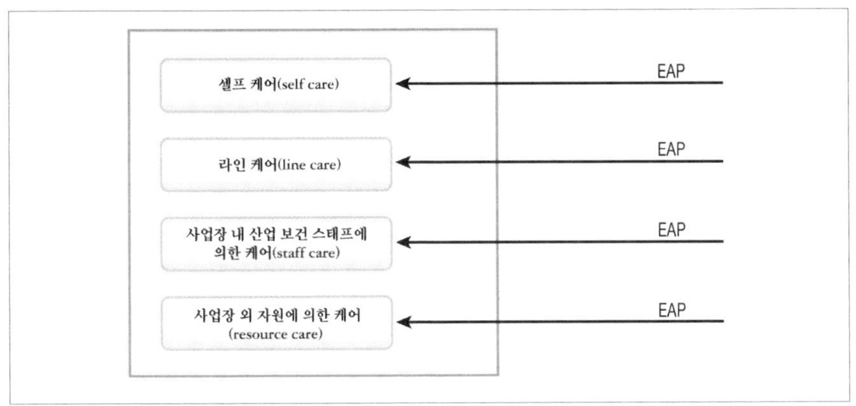

[그림 1－6] **직장에서 마음의 건강 만들기**

출처 : 이치가와 카오루 지음, 김현수·조현진·박진희 옮김(2010). 『EAP 도입의 순서와 운용』. p. 30.

이상의 [그림 1－6]을 설명하면 다음과 같다.

첫째, 셀프 케어(self care, 건강의 자기 관리) : 근로자 자신이 스트레스나 마음의 건강에 대해서 이해하고 스스로 스트레스를 예방, 경감하는 등 스트레스에 대처하기 위한 정신건강에 관한 교육이나 정보제공 등과 같은 상담을 받는다.

둘째, 라인 케어(line care, 계열 케어) : 근로자에게 일상적으로 접하는 관리 감독자가 직장 환경 등을 개선하거나 개별적인 지도나 상담 등을 하는 것이다.

셋째, 사업장 내 산업 보건 스태프에 의한 케어(staff care, 참모 케어) : 산업의나 보건사, 간호사 등의 사내 산업보건 스태프가 직장의 실태를 파악하여 개별적인 지도나 상담, 라인 케어의 지원, 관리 감독자의 교육, 연수를 한다.

넷째, 사업장 외 자원에 의한 케어(resource care, 자원 케어) : 사내 자원만으로는 한계가 있으므로 의료 기관이나 상담센터 등의 외부자원을 활용한다.

이와 같이 '마음의 건강 만들기 지침'은 일본의 기업에서 근로자의 정신건강 문제를 EAP가 감당하는 데에 대한 매우 중요한 근거로서 작용하고 있다. 일본의 경우 현재는 EAP가 근로자에 대한 의료적 지원에서 예방, 업적, 생산성까지 포괄하는 광범위한 영역에서 널리 활용되고 있다.

Tip 6 : 다음 [그림 1-7]을 보면, EAP 서비스에서는 마음의 건강 상태가 마이너스(−)인 사람에서 플러스(+)인 사람까지 폭넓게 사용되고 있음을 알 수 있다.

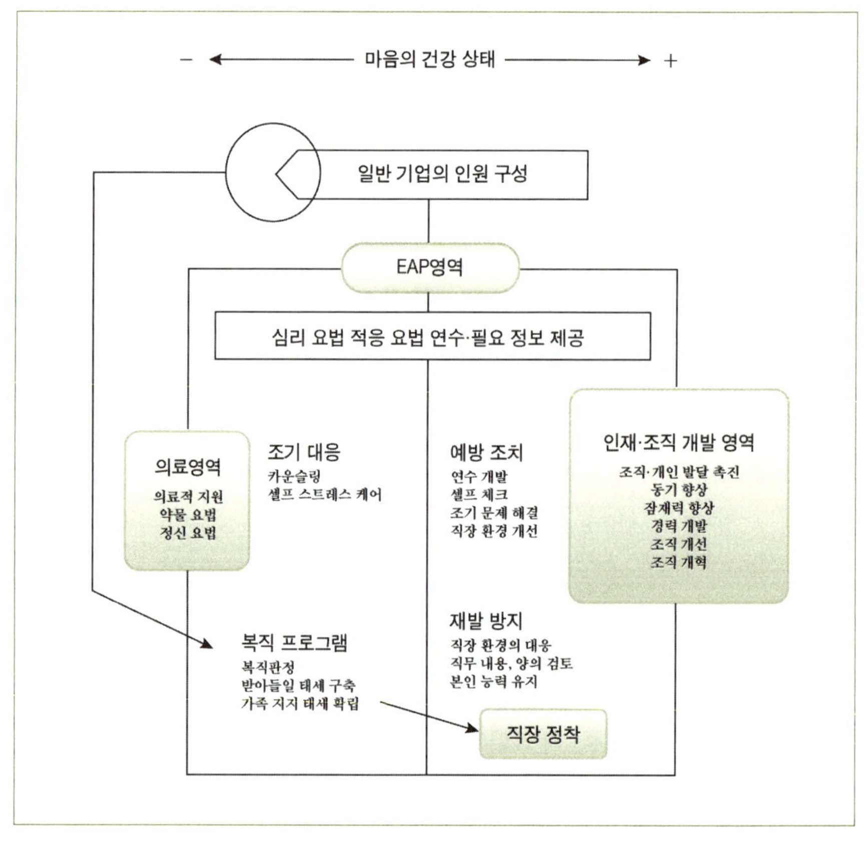

[그림 1-7] 일본에서의 EAP 영역

출처 : 이치가와 카오루 지음, 김현수·조현진·박진희 옮김(2010). 『EAP 도입의 순서와 운용』. p. 31.

이상의 [그림 1－7]을 구체적으로 설명하면 질병이 있는 근로자에게는 의료기관을 소개하는 등 의료 지원을 하며, 스트레스 반응이 나타나고 있는 사람에게는 심리치료나 적응 원조 등을 함으로써 조기에 대응하여 심각한 상태가 되는 것을 방지한다. 또한 직장에 의한 스트레스 요인이 심각하여 많은 구성원들이 그 영향을 받아, 업적·생산성이 감소될 때에는 직장환경을 개선하기 위한 조언을 하기도 한다. 나아가 건강한 근로자에 대해서도 스트레스에 대한 대처법을 갖추도록 하는 등, 예방적 연수를 하거나 정보를 제공하기도 한다. 나아가서 조직과 개인의 업적이나 생산성의 향상에 대한 자문을 하는 등 EAP는 일본에서 여러 가지 기능을 수행하고 있다.

Tip 7 : 또 하나의 대표적인 일본 EAP 적용사례는 소니(Sony)의 경우를 들 수 있다. 소니는 내부에 웰니스센터(wellness)를 설치, 정신과 의사를 상근시키고 필요한 경우 외부 EAP 전문기관인 '간다히가시 클리닉'을 통해 상담 및 컨설팅, 교육연수 등을 진행하고 있다.

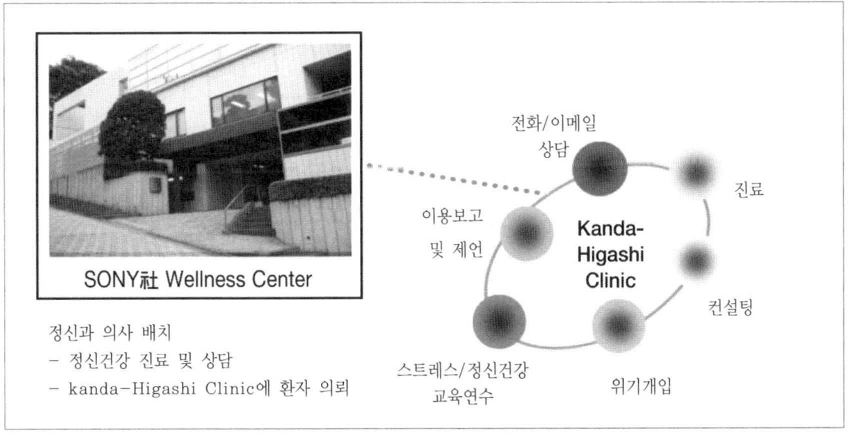

[그림 1－8] **소니의 사례**

③ EAP 협회의 설립과 협회의 EAP 서비스 지원

일본에서는 EAP 협회의 설립을 통해 안정적이며 지속적인 EAP의 확산과 질 높은 서비스가 제공되고 있다. 즉 일본의 경우 EAP 협회가 설립되면서 EAP가 급속하게 발전해왔음을 볼 수 있다. 일본 EAP 협회는 1998년에 설립되었고, 2000년 7월에는 국제 EAP 협회(본부는 미국 '버지니아 주'에 있으며 세계 8개국에 103개의 지부로 구성되어 있음)의 정식 지부로 승인되었다. 활발한 EAP 협회의 활동은 일본 내에서 EAP를 도입하는 기업을 지속적으로 증가하게끔 하는 데에 크게 기여하고 있다.

(3) 영국

영국에서 처음으로 EAP가 도입된 것은 1980년대 초반이다. 영국에서의 EAP는 시작초기부터 다양한 근로자 문제에 대한 서비스가 시행되었다. 영국의 EAP 산업은 1990년대 초 경제상황이 후퇴하였음에도 불구하고 1990년대 후반 영국의 전체 사업장 중 5%인 200만 명이 EAP 서비스 수혜대상이 될 정도로 성장하였다.

영국 EAP 산업의 발전에는 1994년 '워터쉐드 워커(Watershed Walker)' 사건이 결정적인 역할을 하였는데 당시 사건을 담당했던 고등법원은 지방법원의 결정을 뒤집고, 처음으로 근로자들에게 일의 결과로 발생한 스트레스 장해에 대해 보상하도록 결정하였다.

그 후, 12개 이상의 EAP 제공기관이 설립되었으며, 2002년도와 2004년도에도 비슷한 판례를 남겨 2000년대 들어 영국 EAP 시장의 성장을 견인하게 되었다. 2010년 현재 영국에는 1,137개의 EAP 조직이 영국 내 근로자의 10% 정도인 226만 명의 근로자들에게 서비스를 제공하고 있으며, 약 2,200만 파운드 정도의 산업 규모를 가지고 있는 것으로 평가되고 있다. 또한, 304개의 전화를 통한 상담 단체가 180만 명의 고객에게 서비스를 제공하고 있으며 약 200만 파운드의 산업규모를 가지고 있는 것으로 알려져 있다(노동부·근로복지공단, 2010).

이러한 영국 EAP의 특징은 외부 기관에 의뢰해서 이루어진다는 데에 있다. 즉 영국의 경우 1980년대부터 정부 부서별로 EAP를 시행하고 있으며 많은 부서들이 EAP와 비슷한 서비스를 시행하고 있는 것으로 알려져 있다. 이를 위해 각 기관은 외부 기관(80% 이상)과 계약을 맺어서 서비스를 시행하고 있으며 장기간 계약을 통해서 서비스가 이루어지고 있다.

(4) 한국

우리나라의 EAP는 기업 내 상담 활동으로부터 시작하였으며 EAP의 필요성과 유용성을 예견하고 한국에 도입해서 활동하고 있는 선구적인 몇몇 전문가들과 관련 기관들에 의해 보급되고 확산되어 가는 중이라 할 수 있다.

국내의 기업 내 상담은 1970년대 초 산업상담원제도와 고충처리제도에 따른 산업상담을 시작으로 1990년대 초반 대기업이 상담실을 설치하여 임직원에게 상담 전문가에 의한 상담서비스를 제공한 이래(예 : 삼성문화센터, 포스코 생활상담실 등), 1999년 듀폰 코리아(Dupont Korea)에서 EAP를 본격 도입한 이후 유한킴벌리, P&G, 한국IBM, SK에너지, 삼성전자, LG전자, SK, 하나은행 등 약 600여개 업체에서 유료 EAP 혹은 이와 유사한 서비스를 실시하고 있다. 2009년부터는 근로복지공단을 통해 정부 후원의 EAP 서비스를 도입하여 온라인(희망드림근로복지넷 http ://www.workdream.net) 개인상담과 스트레스측정 서비스를 시작하였다(노동부·근로복지공단, 2010). 이와 같은 국내 EAP 도입 과정과 현황을 보다 더 구체적이면서 일목요연하게 정리하면 다음 〈표 1－1〉과 같다.

〈표 1-1〉 국내 EAP 도입 과정과 현황

구분	내용	기관	현황
내부형 (1994~)	사내상담실 등 EAP 초기 모델인 기업 상담 출현	삼성그룹	상담실을 비롯한 복지문화센터 설립
		포항제철	서울, 광양에 대규모로 도입
		삼성전자	열린상담센터(서울, 수원, 구미 등 총 9곳)
		LG전자	MC연구소, R&D캠퍼스, LG 춘 등 총 3곳
		SK	하모니아 직원 상담 프로그램 운영
외부형 (2004~)	EAP 전문 업체 출현	EAP 전문가 파견 업체	현대백화점그룹, 교보문고, 한국문화예술위원회, 미디어텍코리아, GS 칼텍스, KTF, 유한 킴벌리, 하이마트, 현대 하이스코, 듀폰 코리아, 한국 P&D, 구글코리아, 한국 Microsoft, 엘카코리아, 능률교육, 한국전력기술, 한국수자원공사, 한국수력원자력, 한국화학연구원, 한국전자통신연구원 등
정부 지원형 (2007~)	정부 지원 사업 개시	노동부 (사회적일자리 사업)	근로자 심리상담 지원 프로그램, 한국 EAP 협회를 중심으로 서울, 인천, 구미 등 전국 주요 산업단지 11곳에 센터 개소
		근로복지공단 및 소방방재청 산하 지역본부	에스엘 EAP 연구소를 중심으로 300인 미만 근로자 고용 중소기업체 도입컨설팅, 경기도소방재난본부, 인천소방안전본부 등 PTSD 예방 프로그램 실시
		서울시	직원대상 스트레스 관리 프로그램 및 자녀의 정서관리 프로그램 운영
		보건복지부 (지역사회 서비스 혁신 사업)	부산광역시를 선두로 대구·광주광역시가 동참, 근로자들의 근로의욕 향상과 가족문제 예방을 위한 근로자 지원 프로그램, 제조업 종사 근로자 대상으로 직장생활 적응 및 업무 효율성 향상 프로그램 운영

그리고 2010년에는 오프라인 대면상담 및 집단 상담으로 서비스를 확대하였다(노동부·근로복지공단, 2010). 주요 서비스의 내용은 다음 〈표 1-2〉와 같다.

〈표 1－2〉 근로복지공단의 온라인 EAP와 오프라인 EAP 내용

<table>
<tr><th>구분</th><th>EAP 분야</th><th>제공방식</th><th>서비스 장소</th></tr>
<tr><td>1단계</td><td rowspan="4">① 직무스트레스
② 조직내관계갈등
③ 업무과다
④ 건강관리
⑤ 정서성격
⑥ 자녀양육 및 부부관계
⑦ 신용관리(빚, 세금, 재산 등)
⑧ 법률관계(이혼예방, 교통, 범죄)
⑨ 학업정보(자녀교육 및 입시 등)
⑩ 이직 및 전직지원
⑪ 성폭력 상담</td><td>온라인
(게시판)</td><td rowspan="2">근로복지
포털시스템</td></tr>
<tr><td>2단계</td><td>온라인
(2D채팅)</td></tr>
<tr><td>3단계</td><td>오프라인
(대면상담)</td><td rowspan="2">공단 및 위탁업체
전국 지사(센터) 등</td></tr>
<tr><td>4단계</td><td>오프라인
(집단상담)</td></tr>
</table>

출처 : 노동부·근로복지공단(2010). 『선진기업복지제도 업무매뉴얼』. p. 274.

아직 많이 미흡하지만 이렇게 우리나라도 2000년대부터 EAP가 점차 활성화되어 가고 있다. 더욱이 노동부는 2007년 하반기부터 중소기업 근로자에게 EAP의 일환으로서 고충상담을 지원하는 '근로자 지원프로그램'을 시작하기로 하고, 공모를 통해 사업수행기관을 선정하였다. 이 사실은 EAP가 근로자의 스트레스와 정신건강 뿐만 아니라 국가경쟁력에도 긍정적인 영향을 미친다는 인식이 확산되고 있음을 보여준다 하겠다(왕은자·김계현, 2007).

2. EAP의 필요성

EAP의 필요성은 앞서 살펴 본 EAP의 역사적 변천과정에서 이미 다 나타났다고 본다. 그럼에도 EAP가 미국이나 일본만큼 활성화되어 있지 못한 우리나라 기업 여건상 그 필요성을 반복적이면서도 설득력 있게 강조해 나감으로써 어떻게든 EAP를 확산시켜가야 할 필요가 있다고 본다. 지금까지 제시한 EAP의 필요성을 최대한 단순화하여 정리한다면 결국은 근로자의 스트레스 문제를 해결하기 위한 프로그램임을 강조할 수 있을 것이다.

사실 임상적으로도 EAP의 필요성은 이미 그간의 수많은 연구들을 통해 검증되어 왔다. 그와 같은 선행연구들 가운데 이 책에서는 '스트레스가 직장의 생산성에 미치는 영향(최수찬, 2004; 이치가와 카오루 지음, 김현수·조현진·박진희 옮김, 2010)'과 'EAP 서비스 개입 효과성(에스엘 EAP 연구소, 2010; 노동부·근로복지공단, 2010)' 등을 중심으로 하여 간략하게 다시 한 번 설명하고자 한다.

1) 스트레스가 직장의 생산성에 미치는 영향

기업이 EAP를 도입해 온 지금까지의 경험에서 볼 때, EAP 서비스를 받은 근로자들 중에는 우울증이나 알코올 의존 및 중독, 불안장애 등과 같은 정신질환으로 인한 경우가 대략 50% 가량이 되며, 나머지 반은 스트레스 반응이 나타나고 있는 사람들이라고 볼 수 있다. 일반적으로 스트레스 반응에는 '신체적 증상' '심리적·정신적 증상' '인간관계 장애' '행동적 반응'과 같이 대략 4가지로 말할 수 있다.

(1) 신체적 증상

두통, 불면증, 호흡곤란, 과민성 대장증상, 발한, 위통, 설사, 요통, 암, 고혈압, 변비, 식사량 변화, 음주량 증가, 어깨가 뻐근함, 이갈기, 손톱 물어뜯기, 피부 거칠어짐, 부정맥, 숨차기 등과 같은 신체적 증상이다.

(2) 심리적·정신적 증상

집중력 저하, 자신감 상실, 불안, 안절부절(초조감), 피로감, 기력 저하, 우울한 기분, 화를 잘냄, 멍함, 망각 증상, 절망감, 괴로움, 싫증감, 의기소침, 자기 포기(자신감 상실) 등과 같은 정신적 증상이다.

(3) 인간관계 장애

고독감 혹은 고립감으로 인한 폐쇄적 경향, 가족과 회사 등에서의 의사소통 지장, 성적 에너지 저하 내지 성관계 곤란, 싫증냄, 사람 기피증, 친구 피함 등과 같은 인간관계에서의 장애가 발생하는 것이다.

(4) 행동적 반응

스트레스로 인한 행동적 반응은 개인의 행동으로 나타나는데, 문제는 개인행동의 결과가 조직에 미치는 영향이 지대하기 때문이다. 더욱이 개인행동으로 인해 조직에 반영되는 영향이 부정적일 경우 이는 기업 조직의 직접비용과 간접비용 지출로 나타나 결과적으로는 기업 손실로 작용하게 된다. 그러므로 스트레스로 인한 행동적 반응을 긍정적인 측면에서 조절하는 것은 매우 중요하다.

이상의 내용을 구체적으로 일목요연하게 정리하면 다음 〈표 1－3〉과 같다.

〈표 1-3〉 스트레스가 직장의 생산성에 미치는 영향

신체적 증상	심리적·정신적 증상	인간관계 장애	행동적 반응		
			개인행동	조직에의 반영	
				직접비용	간접비용
두통 불면증 호흡곤란 과민성 대장 증상 발한 위통 설사 요통 암 고혈압 변비 식사량 변화 음주량 증가 어깨가 뻐근함 이갈기 손톱 물어뜯기 피부 거칠어짐 부정맥 숨차기	집중력 저하 자신감 상실 불안 안절부절(초조감) 피로감 기력 저하 우울한 기분 화를 잘 냄 멍함 망각 증상 절망감 괴로움 싫증감 의기소침 자기포기 (자신감 상실)	고독감 혹은 고립감으로 인한 폐쇄적 경향, 가족과 회사 등에서의 의사소통 지장, 성적 에너지 저하 내지 성관계 곤란, 싫증냄, 사람 기피증, 친구 피함	흡연 음주 카페인 약물남용 갈등 공격성, 폭력 자살 범법행위 성관계 곤란 과식/소식 위험한 행동 절도 대인관계 곤란	지각 결근 파업과 휴업 이직 생산성 저하 불평, 불만 물자 과소비 재고 부족 사고, 재해 보상비 지급	활력의 상실 낮은 사기 낮은 동기유발 불만족 의사소통 단절 접촉빈도 감소 메시지 왜곡 의사결정 과오 작업관계 저하 불신 무례 적대감 기회비용

출처 : 에스엘 EAP 연구소(2011). "2011년도 ○○사 근로자 지원프로그램 사업계획(안) - 부제 : 키다리 아저씨 프로젝트". p. 7.

Tip 8 : 일이나 인간관계 등의 어려움으로 스트레스가 발생하며 동시에 스트레스로 인해 스트레스 반응이 나타나고 병으로 되기까지의 사이에는 몇 가지 요인이 엉켜져 있다. 다음 [그림 1－9]에서와 같이 개인 요인과 일 이외의 요인, 완충 요인에 의해서 차이가 생기는 것이다.

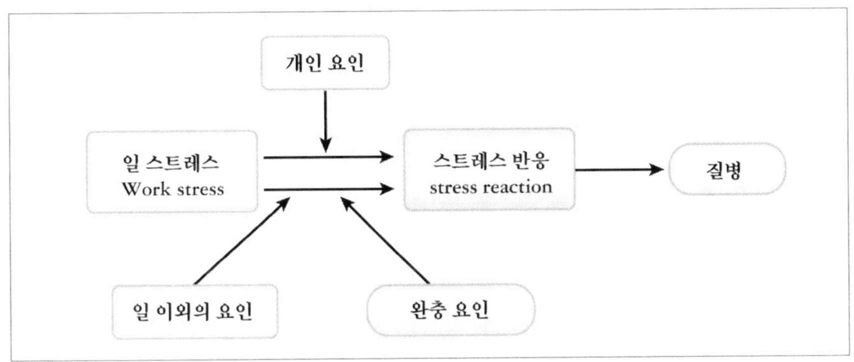

[그림 1－9] NIOSH(미국 국립 노동 안전 위생 연구소)의 직업 스트레스 모델

출처 : 이치가와 카오루 지음, 김현수·조현진·박진희 옮김(2010). 『EAP 도입의 순서와 운용』. p. 33.

여기에서 개인 요인이란 퍼스낼리티(personality, 성격, 개성, 인격 등)의 차이에서 오는 것이다. 스트레스의 여러 요인이 되는 자극이나 사건에 대해서, 어떻게 생각하고 어떻게 받아들일 것인가에 따라서 반응은 달라진다. 예를 들면 싫은 것을 쉽게 잊어버리는 경향이 강한 사람과 낙천적인 사람은 스트레스 영향을 별로 받지 않을 수 있을 것이다. 반면 지나치게 꼼꼼하고, 매사에 흑백으로 가리지 않으면 직성이 풀리지 않고, 걱정과 근심이 심한 타입의 사람은 스트레스의 영향을 잘 받는다. 나아가 일 이외의 요인, 가령 가정에서 이혼 소송 중이라면 스트레스 정도는 높아질 것이다. 반면 동료에게 불평을 이야기하고, "괜찮니?"라고 관심을 가져주는 상사가 있다는 것은 '완충 요인'이 될 수 있다. 완충 요인이 어느 정도나 되는지에 따라서는 병에 걸리는지 아닌지가 결정되기도 한다.

이와 같이 스트레스 반응이 나타나는 단계에서, 병이 되지 않기 위해 예방적 조치를 취하는 것은 개인을 위한 것뿐만 아니라 회사에게도 커다란 가치가 있다. 왜냐하면 근로자에게 질병이 발생하면 그 결과로 결근율이 증가하고, 때로는 장기휴직으로 인해 생기는 다른 직원들의 부담 증가도 문제가 된다. 이는 스트레스가 직장의 생산성 저하에는 직접적인 영향요인이라는 것이다.

이를 좀 더 구체적으로 살펴보자. 다음 [그림 1-10]과 [그림 1-11]을 보라.

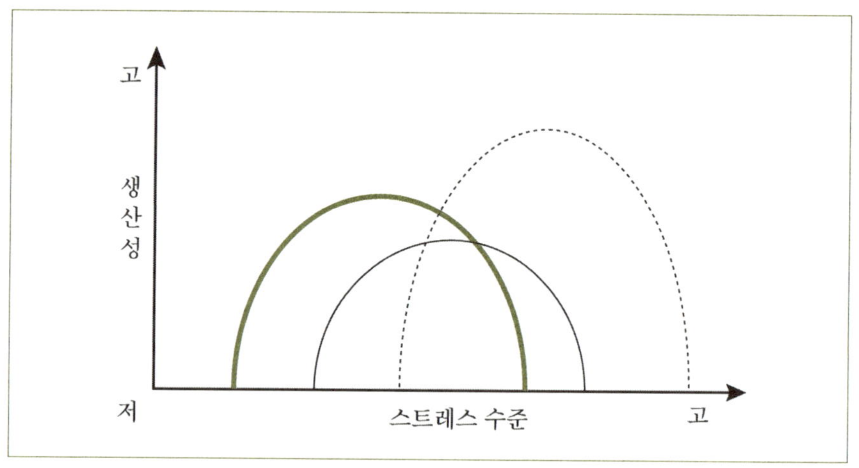

[그림 1-10] 스트레스가 생산성에 미치는 영향

출처 : 이치가와 카오루 지음, 김현수·조현진·박진희 옮김(2010). 『EAP 도입의 순서와 운용』. p. 35.

이상의 [그림 1-10]은 3명의 근로자가 가지고 있는 스트레스와 생산성의 상관관계를 나타낸 것이다. 세로축은 일의 생산성, 가로축은 스트레스의 수준이다. 사람은 어느 정도의 스트레스가 작용되지 않으면 일을 해결할 수 없다. 스트레스를 받는다는 것은 일에 몰두하여 서서히 생산성을 향상시켜서 최상에 오르게 한다. 그리고 다시 스트레스 수준이 오르게 되면 서서히 생산성이 떨어지게 된다. 스트레스의 수준과 생산성의 향상이 어디에서 최고점에 도달할 것인가는 사람에 따라 다르다. 어느 정도의 스트레스가 작용했을 때에 가장 생산성을 올릴 수 있을 것인가는 각각 다르다는 것이다.

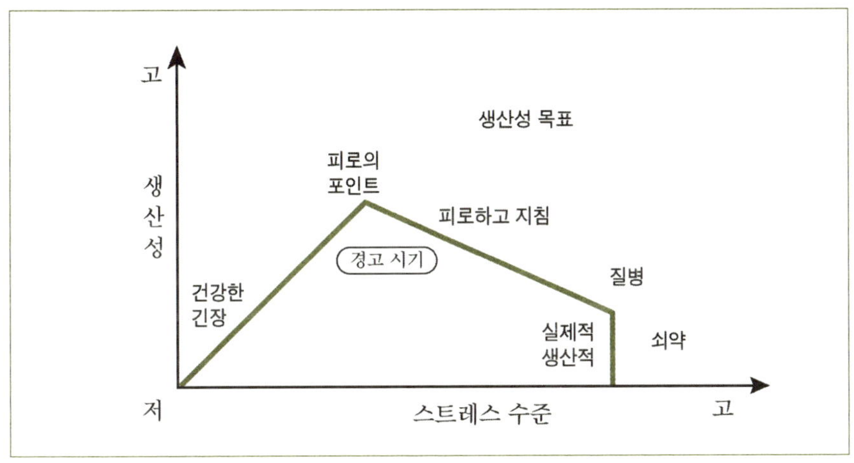

[그림 1－11] 만성적 스트레스가 생산성에 미치는 영향

출처 : 이치가와 카오루 지음, 김현수·조현진·박진희 옮김(2010). 『EAP 도입의 순서와 운용』. p. 35.

이상의 [그림 1－11]은 만성적 스트레스가 생산성에 영향을 미치는 것을 나타낸 것이다. 근로자가 생산성 목표를 세워서 일을 잘 하려고 하면 적당한 스트레스를 갖게 된다. 그러는 동안 건강하고 적당한 긴장도가 유지된다. 그러나 스트레스의 수준이 높아지면 '경고 시기'가 오게 되어 결국은 피로의 시기가 다가온다. 이러한 시기를 근로자 스스로가 미리 예상하고 알게 되면 일단 자기 자신에게 압박을 가하는 것을 그만두고 심신의 피로 회복을 도모하며 생산성을 유지할 수가 있다. 그러나 이 시기를 지나서 다시 스트레스 수준이 계속 오르게 되면 피로에 지쳐 나른하고 괴로워서 생산성은 내려가고 드디어 병이 나서 생산성은 제로(0)에 이르게 된다.

이렇게 근로자들이 경험하게 되는 스트레스는 이들의 신체적·정신적 건강을 크게 위협하고 있다. 이러한 문제는 결국 결근이나 이직의 증가, 산업재해의 발생, 생산성 저하 등으로 이어져 업무조직의 잠재적 부담이 되고 있다. 우리나라 245개 사업체에 근무하는 총 6,977명의 근로자를 대상으로 한 2002년의 연구에 따르면, 조사대상자의 22%(1,346명)는 '고위험 스트레스군'에 속하며, 대다수인 73%(4,541명)는 위험수준까지 이르지 않았지만 스트레스로부터 위협을 받을 수 있는 '잠재적 스트레스군'으로 분류되었다. 결국 응답자 중 약 5%만이 스트레스를 느끼지 않으며 직장생활을 수행하고 있는 '건강군'인 것으로 나타났다. 특히 극도의 스트레스를 경험하고 있는 '고위험 스트레스군'은 장기화될 경우 심혈관계질환이나 탈진, 극단적으로 과로사까지 진행될 위험성을 가지고 있다(장세진, 2002).

직무스트레스를 경험하는 근로자에게 흔히 나타나는 직무불만족은 그 정도가 높을수록 직장 출근에 저항하게 되며, 출근을 하더라도 업무에 대한 집중도가 낮아지게 된다(이정환·노병일·변보기, 2001). 또한 스트레스의 직·간접적 결과로서 건강을 위협받는 근로자 역시 출근 자체가 불가능하거나, 혹은 출근을 하더라도 정상적인 직무수행이 어렵다. 이강숙(2000)도 스트레스를 경험한 근로자들이 피로, 부적절한 판단력, 신체조절능력 장애, 부주의, 왜곡된 지각, 우유부단, 술이나 약물남용으로 인한 중독 등의 요인으로 인해 각종 사고와 재해를 유발할 수 있다고 보고하였다.

특히 과도한 음주는 개인적 기호의 수준을 넘어 당사자와 그 가족, 직장과 사회에 부정적 결과를 필연적으로 가져온다. 즉, 습관적 과음은 심리적으로 불안, 우울, 분노 등의 부정적 감정을 고조시키고, 신체적 건강을 크게 해치며, 가족 간의 갈등과 가정폭력, 아동학대의 원인이 되기도 한다. 음주는 직장에도 부정적인 영향을 미쳐 근로자의 61.5%가 음주로 인해 직장에서 한 가지 이상의 문제를 경험한 적이 있다고 응답하였으며, 특히 근로자의 지각, 조퇴, 업무 집중력 저하 등에 중요한 요소가 되고, 산업재해의 가장 큰 원인 중 하나로도 간주되고 있다. 영국의 경우 전체 결근 중 음주로 인한 것은 3~5%로 추산되고 있는데, 이는 비음주자에 비해 2~8배가 높은 수준이다. 산업재해에 대한 위험 역시 2.5~8배 정도가 더 높았다(류병호, 1994; 노인철·서문희·김영래, 1997; 함정화·김광기·김명순, 2001).

한편 전통적인 노동시장에서 일과 가족은 상호 분리된 영역으로 인식되어 왔으나, 최근 근로환경의 변화에 따라 점차 직장과 가정이 상호 공생적인 관계로 뚜렷이 부각되고 있다. 하지만, 우리나라 기혼여성의 경우 여전히 직장에서의 일과 가정에서의 가사, 육아, 노부모 간호 등에 대한 부담을 모두 안고 있다. 즉, 취업과 함께 직장과 가정의 이중부담을 안게 된 기혼 여성근로자들은 역할과중, 역할갈등, 자녀 및 노부모 보호의 고충을 공통적으로 경험하게 되며, 그 결과로서 얻게 되는 스트레스는 개인적 차원에서 뿐 아니라 직장생활에까지 영향을 미쳐 업무에 대한 사기저하, 직무몰입 저하, 결근율과 이직률의 증가를 초래하게 된다(Higgins et al., 1992).

이러한 관점에서 직장과 가정의 갈등 문제는 이제 개인적 노력만이 요청되는 것이 아닌, 업무조직과 사회전체의 관심과 개입이 요구되는 영역이라 할 수 있다. 즉, 직장과 가정생활을 조화롭게 영위할 수 있도록 지원해 주는 EAP의 도입은 각종 스트레스의 감소, 직무만족감의 증진, 조직몰입의 증대 등 개인적 측면의 효과 뿐 아니라, 기업의 차원에서도 근무태만, 이직률 감소, 업무수행 능력의 향상, 기업 이미지 개선 및 경쟁력 제고 등의 긍정적 효과가 있다(Frone et al., 1992).

2) EAP 서비스 개입 효과성

2010년 3월 노동부와 근로복지공단에서 펴낸『선진기업복지제도 업무매뉴얼』을 에스엘 EAP연구소(2010)의「신개념 EAP 서비스 제안」에서 재인용한 내용에 의하면 EAP 개입 이후에 나타난 효과들은 다음 [그림 1－12]와 같으며 복수응답을 한 결과이다.

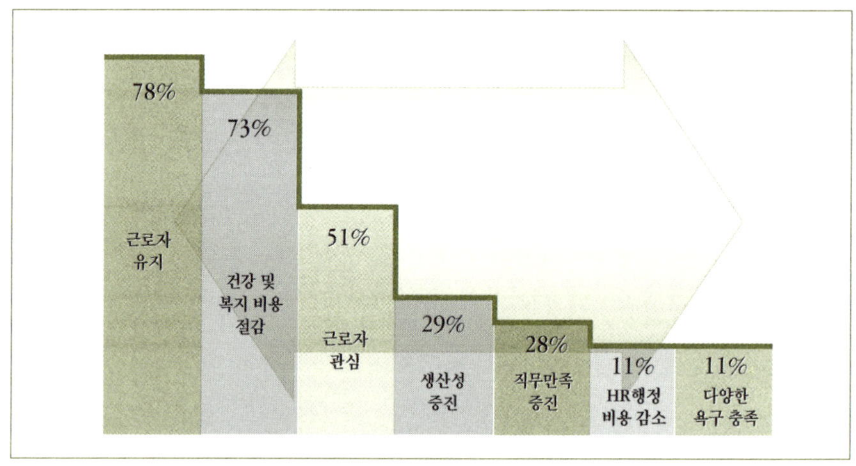

[그림 1-12] EAP의 전반적 효과

출처 : 노동부·근로복지공단(2010)의 『선진기업복지제도 업무매뉴얼』을 에스엘 EAP 연구소(2010)의 「신개념 EAP 서비스 제안」에서 재인용한 내용을 발췌함.

EAP 도입 전후 30일간 근로자의 결근, 지각 일수 변화는 다음 [그림 1-13]과 같이 나타났다.

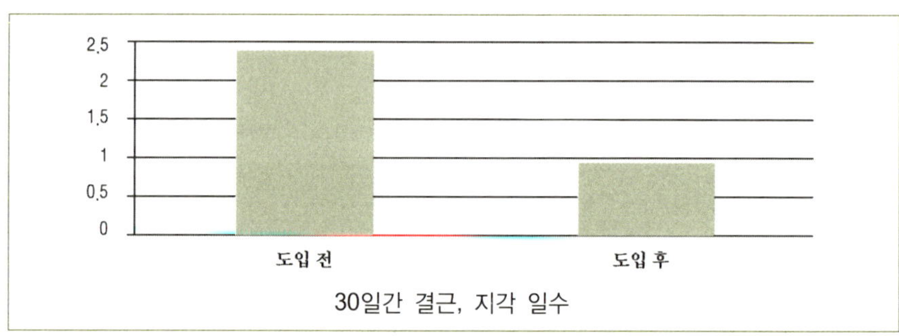

[그림 1-13] EAP 도입 전후 30일간 근로자의 결근, 지각 일수 변화

출처 : 노동부·근로복지공단(2010). 『선진기업복지제도 업무매뉴얼』. p. 285.

EAP 도입 전후 근로자들의 업무역량 점수 변화는 다음 [그림 1－14]와 같이 나타났다.

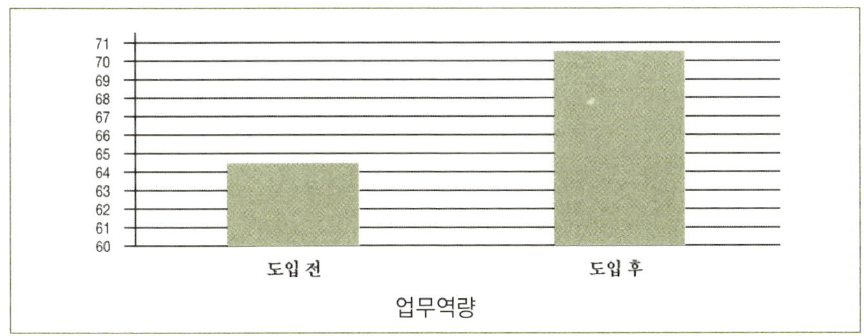

[그림 1－14] EAP 도입 전후 근로자들의 업무역량 점수 변화

출처 : 노동부·근로복지공단(2010). 『선진기업복지제도 업무매뉴얼』. p. 285.

이렇게 EAP는 그 효과성에 있어서 다른 어떤 프로그램보다도 탁월하다고 할 수 있다. 특히 비용 효과성 면에서는 매우 유용한 프로그램이라고 할 수 있다. 실제로 미국의 모든 연구는 EAP가 비용 면에서 효과적이라고 밝히고 있다(Googins & Godfrey, 1987; Van Den Berge, 1995; Flynn, 1996). 이는 EAP가 사업장의 생산성을 증가하고 결근율을 감소시키는 등의 영향을 미침으로써, 사업장의 비용을 감소시킴을 의미한다.[6] 또한 EAP 서비스를 제공하면, EAP를 제공하지 않을 경우에 기업 외부에 서비스이용자이 부가금어 등으로 나갈 비용이 질약된다(Garvin & Tropman, 1992).

1980년대 말에 EAP를 실시한 미국 409개 기업을 대상으로 조사한 바에 따르면, 98%의 기업은 EAP를 실시하는데 드는 비용보다 EAP 실시에 따른 사후 효과가

6 사실, EAP는 근로자를 돕게 되면 이직률·결근율 등이 줄어들어 결국에 가서 업무성과가 더 좋아진다는 점을 전제로 깔고 있다(SAMHSA, n.d.). 실제로 라마나단(Ramanathan)의 연구에서는 EAP 서비스를 받은 후에 근로자의 결근율이 상당히 감소되었고 또 일반적으로 EAP 서비스를 받은 근로자는 업무성과가 개선되는 경향을 보였다(Ramanathan, 1992).

더 크다고 응답하였다. 예를 들면 1989년 맥도널 더글라스사(McDonnell－Douglas Corporation)의 경우, EAP를 제공받은 근로자는 의료비가 35% 감소하고 결근율도 감소하였다. 결국 이 회사는 EAP에 사용된 1달러당 4달러의 비용절감 효과가 있었다. 또한 킴벌리－클라크(Kimberly－Clark)의 경우, EAP에 참여한 근로자는 결근이 43% 감소하였고 사고도 35% 감소하였다(On－Call, 1997).

특히 EAP는 스트레스나 알코올·약물중독 등으로 인해 소요되는 비용을 상당히 줄일 수 있다. 예를 들면 EAP를 통하여 알코올중독 근로자를 재활시켜서 근로자의 결근·병가·사고 등을 감소시킬 수 있고, 이는 결국에 가서 사업장에 비용절감 효과를 가져 온다. 한 조사에 따르면 EAP를 잘 운영하여, 알코올중독 근로자가 끼치는 손실을 약 50% 줄일 수 있다(Van Den Berge, 1995)고 한다. 그리고 미국 우정국(U.S. Postal Service)에서 알코올회복 프로그램을 실시한 결과, 75%의 회복률을 기록하였다. 우정국은 EAP로 인하여 186만 달러의 비용절감을 가져왔다(Punell－Bond, 1997).

뿐만 아니라 부가적인 EAP의 효과로는 EAP가 기업의 이미지를 좋게 만든다는 것이다. 무엇보다도 회사 내에서부터 기업 이미지를 개선하고, 더 나아가 회사 밖에서도 기업 이미지를 개선하여 이윤 증대에 기여한다. 그리고 EAP는 근로자의 사기를 증가시킨다. 나아가 EAP는 노동조합과 경영진 사이의 관계를 개선하며 경영진에게도 도움을 준다(Googins & Godfrey, 1987; Ramanathan, 1992; Van Den Berge, 1995).

제2장 EAP의 정의와 서비스 영역

이번 장에서는 EAP의 개념 정의와 서비스 영역 등을 구체적으로 살펴보고자 한다.

그전에 먼저 다음의 'Tip'을 읽어 보기를 바란다.

Tip 1 : 아래의 [그림 2－1]과 [그림 2－2]를 보라. [그림 2－1]에 나타나는 상황을 생각해 보기 바란다.

[그림 2－1] 펩시콜라 직원이 코카콜라를 먹고 있는 모습

펩시콜라 직원이 코카콜라를 먹고 있는 모습이다. 어떤가? 실제 우리도 이럴 때가 있지 않는가? 자신이 일하고 있는 회사의 제품을 정말 자랑스러워하며 실제 자신도 사용할 수 있어야 하지 않을까? 그렇다. 자기 회사 제품을 정말 자랑스럽게 생각해야 할 것이다. 회사에 대한 긍지와 자부심이 있어야 하지 않을까 싶다.

다음 [그림 2-2]를 보라. 무엇을 느끼는가? 근로자가 자신의 직장에 대해 자부심을 갖지 못한다면, 혹은 직장생활에 잘 적응하지 못해 힘들어한다면, 그 문제 상황을 가만히 내버려 둬서는 안 될 것이다. 긴급하게 근로자의 고민과 어려움을 덜어줌으로써 행복한 직장생활이 되게끔 도와야 할 것이다. 다시 [그림 2-2]를 보자.

[그림 2-2] **긴급전화 표시**

긴급전화가 몇 Km 남았는가? 무려 174 Km이다. 솔직히 이건 긴급전화라 할 수 없을 것이다. 근로자를 향해 정말 위급한 위기의 순간에 가장 대응을 잘하는 회사가 진짜 좋은 직장이라고 생각된다. 이렇게 적절한 조치를 잘 하고자 할 때, 매우 유용한 서비스가 EAP인 것이다.

1. EAP의 정의·목표·특성

1) EAP의 정의

EAP는 국내외적으로 다양하게 정의되고 있으나, '세계 EAP 협회'에서는 생산성에 문제가 제기되는 직무조직을 돕고 건강문제, 부부·가족생활문제, 법·재정문제, 알코올·약물문제, 정서문제, 스트레스 등 업무 성과 전반에 영향을 미칠 수 있는 근로자 문제를 해결하기 위해 개발된 사업장 기반의 프로그램으로 규정하였다(노병일, 2000; 최수찬, 2003; 최수찬, 2004; 노동부·근로복지공단, 2010).

미국 '사회복지사전'에서 EAP란 직무만족이나 생산성에 부정적인 영향을 미칠 수 있는 문제를 가진 근로자를 돕는 일련의 서비스로, 이는 조직내부나 외부기관을 통해 제공될 수 있다고 정의되고 있다(김대성, 2006).

미국 EAP 전문가협회(NASW)는 EAP를 근로자의 직무만족이나 생산성에 부정적으로 영향을 줄 수 있는 문제를 근로자가 극복하게끔 도와주기 위하여 고용주가 제공하는 서비스로 정의하고 있다(Barker, 1995).

구긴스와 갓프리(Googins & Godfrey, 1987)는 일반적으로 EAP를 근로자의 직무에 영향을 주거나 영향을 줄 수 있는 문제에 직장이 합당하게 개입하는 일단의 정책과 프로그램 절차로 본다고 밝히고 있다.

프린(Flynn, 1996)은 EAP를 직무 스트레스, 실적 위험, 알코올중독, 기타 문제를 잘 해결하지 못하고 있는 근로자를 빨리 파악하기 위하여 고용주가 도입한 일단의 정책과 과정으로 보고 있고, 데커, 스타렛과 레드호스(Decker, Starrett & Redhorse, 1986)는 개인문제를 가진 근로자에게 사회서비스를 제공하는 프로그램을 EAP로 파악하고 있다.

라마나단(Ramanathan, 1992)은 EAP를 '문제 근로자를 파악하고 이들이 자기 문제를 해결하도록 격려하며 서비스가 필요한 근로자들에게 상담이나 치료를 이용할 수 있게 할 목적으로 직장 조직 내에 운영 중인 직무관련 프로그램'으로 이해하고 있다.

EAP를 실제로 운영하고 있는 미국 보건복지부(Department of Health and Human Services : DHHS, 1999)는 EAP를 직무수행 능력에 영향을 미칠 수 있는 개인적 문제를 겪는 근로자에게 제공되는 전문상담 서비스라고 정리하고 있다.

위의 각 개념마다 약간의 차이가 있기는 하나, EAP를 직장에서 어려움을 겪는 근로자를 도와주기 위한 서비스·프로그램·정책을 의미한다고 간단히 정리해 볼 수 있다. 물론 이상에서 제시된 여러 예는 정책적 측면보다는 미시적 측면을 더 많이 강조하고 있음을 알 수 있다.

2) EAP의 목표

EAP의 궁극적인 목적은 직장에서 근무하는 사람들의 '깨어지고 부서진 것(예 : 다양한 영역에서 상처받고 낙심하며 좌절하게 만드는 심리사회적 상태 등)'을 회복시켜서 종국에는 이미 오래전부터 갖고 있었으나 정작 본인은 잘 모르고 있었던 '오래된 재능(예 : 평소 당연하게 생각해 왔던 '원만한 대인관계'나 일상적으로 해 오던 '문서작성 능력'이 실제는 매우 탁월한 재능이었음을 깨닫게 되는 경우, 조용히 있었지만 누가 뭐라고 하든 묵묵히 업무에 충실히 임했던 성실한 근무 등)'을 사용하여 근로자 본인의 성장과 성숙을 창출할 수 있는 '새로운 재능(예 : 오래된 재능이 새롭게 인식되고 평가되어 부각되는 경우 등)'과 '새로운 대처능력(예 : 초래되거나 직면하게 된 문제 상황을 효과적으로 해결해 나갈 수 있는 새로운 능력 등)'을 발견하여 최대한 계발하는 데에 있다.

'깨어지고 부서진 것' 회복시키기!
⬇
'오래된 재능' 사용하기!
⬇
'오래된 재능을 새로운 재능으로 재창출' + '새로운 대처능력 함양'
새로운 재능과 새로운 대처능력 발견하여 계발하기!

이를 위해서 EAP 전문가는 EAP를 통해 사람들이 마음껏 성장하고 성숙할 수 있도록 도와야 한다. 그렇게 할 때, EAP는 직장에서 생활하는 사람들의 삶에 강력한 영향을 미칠 수 있다. 사람들은 직장을 통해서 자신이 꿈꾸는 인생의 목표를 실현하려고 하며 동시에 직장에서 인생의 미래를 꿈꾼다. 그러므로 EAP는 사람들이 자신의 직장에서 그들이 바라고 꿈꾸는 삶의 목표를 달성할 수 있도록 도와줄 수 있어야 한다. 여기에서 EAP는 문제가 발생한 이후에 그 문제를 해결하는 데에 도움이 되는 서비스로서만이 아니라 직장생활 전반을 행복하게 하는 예방적인 개입 서비스가 된다.

이상에서 설정한 EAP의 목적을 달성하기 위한 구체적인 목표는 크게 두 가지로 간략하게 요약할 수 있다.

첫째, EAP를 제공받는 서비스이용자의 심리사회적 기능의 향상이다.

둘째, 서비스이용자 친화적 직장환경 실현이다.

목표 : 심리사회적 기능 향상 + 서비스이용자 친화적 직장환경 실현
⬇
목적 : '회복' + '새로운 재능과 대처능력' 발견과 계발

이 두 가지 EAP의 목표를 좀 더 구체적으로 설명하면 다음과 같다.

(1) 심리사회적 기능 향상

EAP를 통해 심리사회적 기능을 향상시키기 위해서는 무엇보다도 심리사회적 기능이 무엇인가를 분명하게 알고 있어야 한다. 심리사회적 기능은 심리적 기능과 사회적 기능을 통합해서 접근하는 개념이다. 심리적 기능은 한마디로 '정서적 안정감의 수준'이라고 할 수 있으며 사회적 기능은 사회적응 수준이다. 즉, 사회적 환경에 서비스이용자가 맞춰갈 수 있는 능력을 말한다. 이는 각자의 사회적 역할을 스스로 이해하고 그 역할에 충실하려고 노력해 나가는 능력이다.

실제로 우리 사회에서 정서적 안정감이 높은 사람들은 그렇지 못한 주변 사람들에 비해 더 많은 보람을 느끼고, 결혼생활이 잘 유지되고, 친구가 많고, 수입이 높으며, 업무 성과가 우수하고, 공동체에 적극적으로 참여하며, 정신적으로나 신체적으로 건강하고, 장수하는 특성을 가지고 있다.

정서적 안정감은 삶에서의 성공과 건강, 가치 있는 관계 등을 이끌어낸다. 정서적 안정감의 성장은 이러한 가치 있는 결과들을 항상 이끌어낼 수 있고, 개인적 삶의 만족도를 향상시킬 수 있다. 결국 심리사회적 기능이란 서비스이용자들이 사회에 적응하는 정서적 안정감의 수준이라 할 수 있다. 그런데 문제는 정서적 안정감을 구체적인 개념으로 도출해내기가 쉽지 않다는 것이다. EAP의 경우 분명한 성과를 이끌어 낼 수 있어야 하는데, 정서적 안정감이라는 것이 상당히 추상적이어서 성과 측정 자체가 어렵다.

이런 상황 속에서 EAP는 정서적 안성감을 '직장이라는 조직사회'에서 요구되는 '사랑과 소속감'으로 개념화하여 사용할 필요가 있다고 본다. 즉, 직장 내의 근로자들에게 EAP를 실천함으로써 그들로 하여금 직장생활을 통해 사랑과 소속감을 풍성하게 누리도록 할 필요가 있는 것이다. 이렇게 근로자들이 사랑과 소속감을 갖게 되면 자연스럽게 그들은 직장에 효과적으로 적응하며 생활할 수 있게 될 것이다.

"그렇다면 사랑과 소속감을 강화시키기 위해서는 어떻게 해야 하는가?"

이에 대한 물음에 게리 채프먼(Gery Chapman)은 사랑과 소속감을 누리고 살기 위해서는 '사랑의 5가지 언어'를 잘 사용해야 한다고 했다. 5가지 사랑의 언어는 다음과 같다(Chapman 지음, 장동숙 옮김, 1997).

첫째, 인정과 격려의 언어이다. 사람들은 인정과 격려를 하면서 사랑을 표현하고 인정과 격려를 받을 때 사랑을 느낀다는 것이다. 이렇게 사람들은 인정하거나 격려하면서 사랑을 누리고 결과적으로는 정서적인 안정감을 갖게 된다. 이를 직장에 적용하면 근로자들은 상사나 동료, 후배 등으로부터 인정이나 칭찬, 격려를 받을 때 사랑과 소속감을 분명하게 느끼게 되고 이는 결국 정서적인 안정감을 충분하게 가질 수 있게 된다는 것이다.

둘째, 함께 하는 시간이다. 사랑은 시간을 함께 나눌 수 있게 한다. 사랑하지도 않는데 함께 시간을 보내는 것만큼 고역은 없을 것이다. 사랑하게 되면 밥도 함께 먹고 싶어지고, 영화도 같이 보려고 하며, 여행도 함께 가고 싶어진다. 사랑은 함께 하는 시간만큼 더 깊어지고 더 풍성해진다. 함께 하는 시간을 많이 가지게 되면 정서적인 안정감은 더 커지게 될 것이다. 여기에서 유의해야 할 점은 무조건 함께 하는 시간이 늘어나서는 안 되며 신뢰와 사랑이 밑바탕에 있는 가운데에 함께 하는 시간이 증가해야 한다는 것이다.

셋째, 봉사이다. 사랑은 다 주고 다 섬기는 것이다. 그래서 사랑은 헌신적으로 봉사하게 한다. 봉사를 하게 되면 마음에 감동이 밀려온다. 그래서 봉사는 봉사하는 사람들이나 봉사를 받는 사람들 모두 행복을 느끼게 한다. 당연히 봉사하는 사람은 정서적으로 안정된다. 나아가 큰 감사와 보람을 누리게 된다. 그러므로 직장생활에서 타인을 배려하고 섬기는 봉사는 봉사하는 사람이나 봉사를 받는 사람 모두의 정서적 안정감을 향상시킬 수 있다.

넷째, 선물이다. 선물이라고 해서 밍크코트나 다이아몬드 같은 보석을 선물하는 것을 연상해서는 안 된다. 여기서의 선물은 아기자기한 사랑의 표현을 말한다.

작은 말 한마디로도 선물을 할 수 있다. 꽃 한 송이로도 선물을 할 수 있다. 사랑의 대상을 향해 작은 마음의 표현을 하는 사람, 즉 선물이라는 사랑의 언어를 사용하는 사람은 정서적인 안정감을 가지며 나아가 직장생활에서의 행복을 찾아 누릴 수 있게 된다.

다섯째, 신체적 접촉이다. 오늘 우리 시대에 접속은 참 많다. 인터넷, 이메일, 스마트폰, 트위터, 카카오톡, 네이트온, 블로그, 페이스북 등 과거에는 상상도 못할 접속을 통한 소통이 홍수처럼 몰려와 있다. 하지만 진정한 사랑은 접속만으로는 부족하다. 신체적 접촉이 있어야 하는 것이다. 동료의 손을 따뜻하게 잡아주는 일, 울먹이는 동료나 후배를 꼭 안아 주는 일, 어깨를 가볍게 두드리며 힘내라고 하는 일 등 다양한 신체적 접촉은 참된 사랑을 느끼게 한다. 문제는 최근 직장 내 성희롱이나 잘못된 직장 문화 등으로 인해 이성 간의 신체적 접촉은 상당히 조심해야 한다는 데에 있다. 그럼에도 상호 신뢰가 형성된 가운데에 건전하며 자연스런 신체적 접촉은 근로자의 정서적 안정감을 강화하는 데에 큰 도움이 된다.

이렇게 EAP의 목표는 직장생활에 잘 적응할 수 있도록 근로자들이 사랑과 소속감을 누리면서 업무에 임할 수 있게끔 지원하는 것이다.

(2) 서비스이용자 친화적 직장환경 실현

직장의 환경을 서비스이용자에게 맞도록 수정하고 개선해 나가게끔 고용주와 근로자의 인식을 바꿔나감으로써 서비스이용자 친화적인 직장환경을 실현해 나갈 수 있다. 가령 EAP를 통해서 변화된 근로자들이 자신의 자아실현을 적극적으로 도모해 가면서 EAP를 제공받기 이전보다 훨씬 더 열심히 일하고, 그 결과로 업무 생산성이 크게 높아지게 되고, 고용주는 이와 같은 생산성 향상을 고무적으로 받아들이게 되어 근로자의 직장환경 개선 요구를 적극 수용하여 행복한 직장환경을 조성해 가는 것을 예로 들 수 있다.

이렇게 EAP는 서비스를 제공받는 근로자들이 늘 생활하고 일하는 직장환경을 근로자들에게 편하고 친숙하도록 개선하는 데에 큰 도움이 될 수 있다. 하지만 그렇다고 해서 EAP가 노동조합이나 기타 이익단체 등에서 주로 실행하는 매우 강력하며 직접적인 직원 권익 옹호나 의식화 교육 프로그램은 아니라는 사실이다. 결국 EAP는 서비스이용자인 근로자들에게 매우 친화적 직장환경이 실현되도록 고용주와 고용인 모두를 변화시키는 체계적이며 구체적인 서비스인 것이다. 이런 맥락에서 EAP는 직장환경 개선을 위한 간접실천 서비스라고 할 수 있다.

3) EAP의 특성

흔히 EAP는 상담 서비스라고만 인식하는 경향이 많다. 하지만 EAP의 특성을 분명하게 말해 본다면 EAP는 서비스 개입실천 상에서 상담의 기능을 일부 수행하고 있지만 단연코 상담은 아니라는 것이다.

EAP는 과거로부터 받은 고통스러운 영향을 극복하기 위해 심리치료를 필요로 하는 사람들을 위한 것이 아니다. 오히려 EAP는 역행적으로 과거를 돌아보는 것이 아니라 주도적으로 앞을 바라보는 것이다. 그러므로 EAP는 치료에 관한 것이 아니라 성장에 관한 것이다. EAP는 약점을 극복하는 데 초점을 맞추기보다는 문제를 해결할 기술과 힘을 기르는데 초점을 맞춘다. 그래서 심리치료 내지 일반 상담과는 확연히 차별화되어야 하는 것이다.

이에 따라 EAP를 수행하는 EAP 전문가는 근로자들이 비전을 세워서 미래를 향해 나아가도록 도와야 한다. 여기에서 EAP의 특성은 확연해진다. EAP는 단순한 상담이 아니라 근로자의 행복한 직장생활과 고용주와 근로자 모두가 만족하는 고용유지, 스트레스 관리, 정신건강 관리, 개인·가족·집단 상담과 서비스이용자인 근로자와의 관계형성, 고용주 계몽 및 인식교육, 직장 환경수정 및 개선 등의 영역을 전반적으로 포괄하면서 생활지원, 건강증진 및 웰니스, 위험관리 등을 구체적으로 수행해 나가는 전문적인 실천 활동인 것이다.

그러므로 EAP 전문가는 전통적인 상담에 있어서의 '상담자－서비스이용자(혹은 내담자)' 관계보다 덜 형식적이며 오히려 대등한 두 사람 사이의 파트너십에 더 가깝다. 두 사람 중 한 사람이 상대에게 도움이 될 수 있는 경험이나 시각 또는 지식을 갖고 있는 동반자 관계라고 할 수 있다. 따라서 EAP는 직장이라는 환경 속에 있는 한 개인이나 집단, 가족 나아가 지역사회에 이르기까지 현재 있는 지점에서 그들이 바라는 더 유능하고 만족스러운 지점까지 나아가도록 인도하는 기술이자 행위이다. 동시에 EAP는 직장인들이 자신의 비전을 키우고, 자신감을 가지며 잠재력을 발휘하도록 돕는다. 또한 스스로의 기술을 증진시키며 목표를 이루기 위해 실제적인 조치를 취하도록 돕는다. 당연히 상담이나 심리치료와 달리 EAP는 서비스이용자에게 덜 위협적이며 문제 해결에만 관심을 가지기보다는 근로자들이 자신의 잠재력을 최대한 발휘할 수 있도록 돕는 것이 큰 특성으로 나타나게 된다.

2. EAP 서비스의 범위와 유형

EAP 서비스의 범위와 유형은 미국 EAP 서비스의 주요 내용을 근간으로 하여 우리나라의 실정에 맞게 정리한 것이다. 그러므로 〈표 2－1〉을 통해 미국 EAP의 주요 사업 및 내용을 살펴본 후, 우리나라에서 시행해 나가야 할 EAP 서비스의 범위를 설명하고자 한다(노동부·근로복지공단, 2010).[7]

7 노동부·근로복지공단(2010). 『선진기업복지제도 업무매뉴얼』의 내용을 요약 정리하였음을 밝힌다.

〈표 2-1〉 미국 EAP의 주요 서비스 내용

주요사업	세부사업	세부내용
일반상담 및 의뢰	임상서비스	약물남용/정신질환/스트레스/정서적 문제/생활주기의 큰 변화/결혼 및 가족문제/건강 및 섭식문제/대인관계 곤란
업무 및 생활지원서비스	법률서비스	이혼 및 가정문제/범죄/상해 및 교통위반/유언장 작성
	재정 및 신용상담	부채문제/자산관리/세금문제/은퇴설계
	아동보호	아동보육/재가보호/방과 후 프로그램/긴급보호 및 예비보호/특수교육 프로그램
	입양문제	입양기관, 변호사, 입양지지그룹 및 입양 후 상담 의뢰
	노인부양	재가보호/지지서비스(자원봉사, 지지그룹) 노인부양 기관 정보제공 및 의뢰 환자보호서비스(요양원, 생활시설) 이동서비스/재활서비스
	부모교육·상담	한부모가정/이혼가족
	학업정보지원	정부보조프로그램/교육상담/입시정보제공
위기상황 스트레스관리법	위기상황 스트레스해소법	위기반응프로그램/개별상담 및 그룹해소/직장복귀 후 평가
경영관련 상담·자문	조직·인사관련 상담 및 세미나	성추행 및 직장 폭력/직무스트레스 관리/리더십 기술발달/대화기술 및 갈등해결/효과적 시간관리/조직변화 관리 및 대처/약물 없는 직장 만들기
	프로그램 촉진	EAP 안내책자/소식지/포스터/근로자 오리엔테이션(employee orientation)/감독관 훈련(supervisory training)/부모교육(parent education) 및 한부모 생활가이드

출처 : 노동부·근로복지공단(2010). 『신진기업복지제도 업무매뉴얼』. p. 280.

1) EAP 서비스의 범위

(1) 생활지원서비스(Work－Life Service)

생활지원서비스는 가정과 직장 모두에서 성공할 수 있도록 적극적으로 지원하는 조직의 정책, 프로그램을 뜻한다. 일상생활에서 겪게 되는 크고 작은 문제들에 대해 신속하고 전문적인 정보를 제공함으로써 문제해결을 돕는데 중점을 두고 있으며 가정 내의 부부관계, 자녀 양육과 교육, 노부모 부양 및 이성 관계, 결혼문제, 우울, 분노와 같은 정서적인 불안감 등 사적인 영역도 포함하는 포괄적인 서비스이다. 생활지원서비스는 인구구조 변화와 요구를 기반으로 발전하게 되었으며 전 세계적으로 가장 이용률이 높은 EAP 관련 서비스라 할 수 있다.

(2) 건강증진 및 웰니스 프로그램(Health Promotion/Wellness Program)

건강증진 및 웰니스 프로그램은 산업구조의 변화에 따라 사고나 재해는 감소하였지만 작업관련성 질환이 증가하고 스트레스 등 정신건강 문제가 사회적 문제로 인식되면서 근로자가 질병에 걸리기 이전에 바람직한 건강의식 및 행동을 고취하여 신체적·정신적 건강을 유지하고 증진하는데 도움을 주는 EAP 프로그램이다.

(3) 위험관리(Risk Management)

위험관리는 잘 드러나지 않는 행동적 위험요인에 대처해야 한다는 전제로 근로자와 관련된 여러 가지 위험성(업무 관련 정신질환, 개인적 문제에 의한 업무수행능력 저하, 업무상 사고)을 방지하기 위한 서비스이다.

2) EAP 서비스의 유형

(1) 사내모형(Internal model)

EAP의 가장 전통적인 형태로서 기관 내 한 부서 또는 담당자를 두는 형태로 발전초기인 1970년대에는 대기업을 중심으로 채택되었다. 일반적으로 학교나 정부기관 등 외부노출을 꺼리는 공공기관에서 사내모형을 선호하는 편으로 우리나라의 경우에는 사내상담제도가 도입되기 시작한 1990년대 중반을 도입시점으로 볼 수 있다. 대개 상시근로자 2,000명 이상의 조직일 경우, 정규직 EAP 전문가 1인과 행정 및 보조업무 담당자 1인으로 구성된 사내 EAP를 운영할 수 있을 것으로 본다.

특히 국내에서는 500인 이상 사업장이면 검토해 볼 만하나, 상담원 1인을 채용하는 방식은 EAP 서비스의 포괄성을 담보하기 어려운 것이 현실이므로 적극적으로 외부 협력기관과 협약하거나 외부전문가를 위촉하는 방식으로 보완해야 할 필요가 있다.

또한 사내모형은 일반적으로 기업 내에 존재하는 것이 원칙이나 인근에 서비스 제공 장소를 마련하여 근로자들의 이용부담을 덜어주는 방식을 채택하기도 하며 EAP 전문가(EAP Professional)에 의해 접수 및 상담, 교육 등의 서비스가 이루어지나 전문가 개인의 역량에는 한계가 있으므로 지역사회 자원의 의뢰체계 구축 또는 EAP 전문기관(EAP provider) 등과의 협약이 EAP 도입 성패를 결정한다.

사내모형의 장점은 접근성이 용이하고 즉각적이며 고유한 욕구에 부응하는 서비스를 설계할 수 있고 조직차원의 개입이나 정책결정, 근로자 옹호 등이 가능한 반면 단점으로는 담당자에 의한 개입으로 기술에 한계가 있고, 비용이 많이 발생하며 서비스의 다양성이 제한을 받을 수 있다.

(2) 외부모형(External model)

계약을 맺은 외부전문기관이 서비스 일체를 수행하는 형태로 서비스 이용욕구에 따라 사업장 내부 또는 외부에서 서비스를 제공한다. 자체적으로 EAP를 설립하기 어려운 중견 사업장에 적절한 모형이며, 국내에서는 EAP 전문기업들이 대기업 계열사, 외국계 기업, 공기업, 중견기업 등을 중심으로 서비스를 제공하고 있다. 최근에는 점차 근로자들의 개인적 성향과 인권을 보호하며 사회적 낙인감을 방지하기 위해 외부모형으로 EAP가 점차 전환되는 추세이다.

외부모형의 장점은 비밀보장이 가능하며 서비스에 대한 책임성이 크고, 다양하고 전문적인 서비스의 제공이 가능하다는 점이다. 단점은 접근성 저하 및 서비스 중단 시 예고 없는 종결이 발생할 수 있다는 것이다.

(3) 컨소시엄모형(Consortium model)

여러 기업주들이 지역사회 자원 등을 집단보상의 형태로 공유하는 것을 의미하며 외부형처럼 개별 사업장이 독자적으로 EAP를 운영하는 것이 어려울 경우 주로 사용된다. 국내의 경우에는 보건복지부의 지역사회혁신서비스가 이와 유사하나 사업 설계 초기 기존 복지인프라 중심의 서비스 제공과 개인 단위의 접근방법으로 고전을 면치 못하고 있다. 향후 상담, 직무관련 서비스 등 서비스 관리 주체를 설정하고 공급 체계를 보완하면서 사업장 중심의 접근방식으로 전환할 경우 안정적으로 국내에 정착될 것으로 예측된다.

컨소시엄모형의 장점은 개별 사업장이 독자적으로 운영이 어려울 경우 주로 사용되므로 저렴한 비용과 비밀보장이 가능하다는 것이다. 반면 소수의 담당자가 다수 기업과 관계하므로 개별 기업의 이념과 특성 및 직무구조 등에 대한 충분한 정보의 확보가 어렵고, 서비스이용자에 대한 이해가 부족하다는 단점이 있다.

(4) 협회모형(Association model)

협회모형은 직업 특성상 멤버십으로 집단화될 수 있는 곳에 적합한 유형으로 멤버들에 대한 복리후생 차원으로 볼 수 있다. 협회모형은 이용률이 직·간접적으로 멤버들의 소속된 조직에 영향을 미칠 수 있는 경우 선호된다. 미국에서는 항공기조종사협회(Association of Airline Pilots), 의사협회(American Medical Association), EAP 전문가협회(National Association of Social Workers)에서 운영하고 있는 사례가 있으나 국내에서는 아직 도입 사례가 없다.

협회모형의 장점은 전문성에 대한 이해력과 지리적으로 분산되어 있는 구성원들에 대한 접근성을 높이며, 고용주와 거의 무관하기 때문에 서비스 이용에 낙인이 없다는 것이다. 반면 개별 조직의 적극적인 기여나 기대가 어렵다는 단점이 있다.

(5) 노동조합모형(Union model)

노동조합이 운영주체가 되며, 조합원을 대상으로 EAP에서 제공하는 서비스로 정의되었으며 일반적으로 조합원지원프로그램(Members Assistance Program : MAP)이라고 한다. 조합원에 한해 배타적으로 제공되며 서비스 제공자들은 상담기술, 의뢰방법을 훈련받은 동료 노조원이나 자원봉사자로 구성되어 있다. 국내에서는 노동조합들의 EAP에 대한 인식 전환이 다소 늦게 이루어지고 있는 관계로 노동조합 단독으로 도입된 사례는 없으나, 일부 사업장에서 내부형 또는 외부형을 도입하는 과정에서 노·사가 협력하여 도입하고 있는 점은 고무적이다.

노동조합모형의 장점은 비밀보장이 가능하고 비용발생 없이도 EAP 운영 효과를 얻을 수 있으며 노동조합은 조합원을 지속적으로 확보하고 유지하는 것이 가능하다는 점이다. 단점은 비노조원의 경우 혜택이 없고 전문성이 떨어진 담당자의 구성으로 서비스의 질적 저하가 우려된다는 것이다.

(6) 정부 지원형 모델(Government sponsored model)

정부 재원과 민간의 전문인력이 결합된 공공 EAP 공급모델로 일부 국가에서 EAP 관련 지침을 제시하여 기업들이 EAP 운영에 활용할 수 있도록 지원하는 방식에 비해 보다 직접적인 운영 모델로 2007년부터 국내에서 세계 최초로 시도되고 있다. 2007년부터 2012년 현재까지 노동부 지원 하에 공모하여 선정된 비영리사단법인인 한국 EAP 협회가 EAP 서비스를 무상으로 제공해왔다. 앞으로도 오프라인 상담을 담당한 업체를 공모하여 위탁운영할 예정이다. 근로복지공단에서는 에스엘 EAP 연구소와 위탁을 체결하여 2010년부터 2년간 상시근로자수 300명 미만 중소기업을 대상으로 EAP 도입지원 컨설팅 서비스를 무상으로 지원해 오고 있다.

정부 지원형 모델의 장점은 무엇보다도 공신력 있는 조직인 정부가 지원한다는 데에 있다. 반면 단점으로는 실제 사업수행을 정부로부터 위탁받아 하는 조직의 역량이 미흡할 때에 발생할 수 있는 문제들에 대한 대처가 부족하다는 것이다. 정부 지원형 모델은 이제 시작된 단계이므로 좀 더 지켜볼 필요가 있다고 본다.

〈표 2-2〉 EAP 서비스의 유형

모형	담당자	특징	장단점
사내 모형	직원	기관 내 한 부서로 존재하는 것이 원칙이나 근접한 거리에서 이루어지기도 하며 담당자 역시 동일한 기관의 직원으로 구성됨	장점 : 접근성이 용이하고 즉각적이며 고유한 욕구에 부응하는 서비스를 설계할 수 있고 조직차원의 개입이나 정책결정, 근로자 옹호 등이 가능함 단점 : 담당자에 의한 개입으로 기술에 한계가 있고, 비용이 많이 발생하며 서비스의 다양성이 제한을 받을 수 있음
외부 모형	전문가	계약을 맺는 외부기관이 사정, 개입, 의뢰 등의 서비스를 전적으로 주관하는 형태	장점 : 비밀보장이 가능하며 서비스에 대한 책임성이 크고, 다양하며 전문적인 서비스 제공이 가능함 단점 : 접근성 저하 및 서비스 중단 시 예고 없는 종결이 발생할 수 있음
컨소시엄 모형	컨소시엄 참가 기업	여러 기업주들이 지역사회 자원 등을 집단보상의 형태로 공유함	장점 : 개별 사업장이 독자적으로 운영이 어려울 경우 주로 사용되므로 저렴한 비용과 비밀보장이 가능함 단점 : 소수의 담당자가 다수기업과 관계하므로 개별 기업의 이념과 특성 및 직무구조 등에 대한 충분한 정보의 확보가 어렵고, 서비스이용자에 대한 이해가 부족함
협회모형	EAP 전문가 협회 등	직업 특성상 멤버십으로 집단화될 수 있는 곳에 적합한 유형	장점 : 전문성에 대한 이해력과 지리적으로 분산되어 있는 구성원들에 대한 접근성을 높이며, 고용주와 거의 무관하기 때문에 서비스 이용에 낙인이 없음 단점 : 개별 조직의 적극적인 기여나 기대가 어려움
노동조합 모형	노동조합	노동조합이 운영주체가 되며, 노동조합원을 대상으로 기존의 EAP와 유사한 조합원 지원프로그램을 배타적으로 제공하고, 담당자는 노조원, 자원봉사자로 구성	장점 : 비밀보장이 가능하고 비용발생 없이도 EAP 운영효과를 얻을 수 있으며 노동조합은 조합원을 지속적으로 확보 유지 가능 단점 : 비노조원의 경우 혜택이 없고 전문성이 떨어진 담당자의 구성으로 서비스의 질적 저하가 우려됨
정부 지원형 모델	정부지원 하의 한국 EAP협회	2010년부터 근로복지공단을 통해 상시 근로자수 300명 미만 중소기업을 대상으로 컨설팅 서비스를 무상 제공하는 세계 최초의 유형	장점 : 공신력 있는 정부가 지원 단점 : 위탁받은 민간기관의 역량이 미흡할 시에 다양한 문제 발생 가능성이 큼

제3장 EAP의 주요 관점

EAP는 사회복지학과 심리학, 상담학, 교육학 등과 같은 휴먼서비스의 이론적 관점들을 아우를 수 있는 통합적 접근을 지향하며 이와 같은 통합적 접근을 가능하게 하는 생태체계 관점과 임파워먼트 관점, 주로 이 두 개의 관점 하에서 근로자의 욕구에 초점을 두고 직장에서의 근로자 적응을 향한 전문적이며 체계적인 서비스개입실천을 수행한다

1. 생태체계 관점

생태체계 관점은 일반체계 이론의 주요 개념들과 생태학적 관점을 결합하여 인간과 환경을 상호작용하는 하나의 전체로 보는 통합 모델로 인간과 환경의 상호작용방법에 관한 것이다. 생태체계 관점을 이해하기 위해서는 우선 체계와 생태학의 의미를 이해하는 데서 출발해야 하는데, 생태체계 관점은 일반체계 이론의 기본 요소에 생태학적 관점이 결합된 것으로 인간과 그를 둘러싸고 있는 다양한 체계 간의 상호작용을 이해하는 접근 방법이다(Mattaini et al, 1995; 이준우·임원선, 2011).

먼저 생태학적 관점에서 문제란 체계들 간의 서로 잘 맞지 않는 현상이라 할 수 있다. 가령 상대와 맞지 않아서 경험하는 어려움을 들 수 있다. 즉 다른 체계와의 부적절한 관계 또는 상호작용이다. 생태학적 관점이 유용한 가장 큰 이유는 근로자 자신과 환경 사이의 상호적응 즉 "공생적 관계와 소통"을 돕는 데에 있다. EAP는 환경 중에서도 특히 직장이라는 조직사회에서 동료 및 상사 혹은 선후배들과의 공생적 관계형성을 원활히 하도록 돕는다. EAP는 근로자 자신과 주위

사람들이 서로 어울려 직장생활을 잘 하도록 돕는 활동이다. 이런 맥락에서 생태학적 관점에서의 문제해결이란, 그 관계 및 상호작용의 개선이다. 즉 근로자와 직장환경이 서로 어울리게 하는 일이다. 근로자를 도와 직장환경에 대하여 탄력성을 갖추게 하고, 직장환경에 개입하여 근로자에게 도움이 되는 여건을 조성하는 일이다. 근로자 쪽에 주력할 때도 있고, 직장환경 변화에 더 힘쓸 때도 있지만 궁극적으로는 근로자의 심리사회적 기능을 향상시켜서 그 힘을 바탕으로 근로자와 직장환경 사이의 관계 및 상호작용을 개선하려는 일이다. 따라서 생태학적 관점에서 바라 본 EAP는 근로자와 직장환경으로 하여금 근로자의 복지를 이루도록 돕는 일이며 동시에 모든 근로자들이 서로 함께 더불어 살도록 돕는 일이다.

다음으로 일반체계 이론은 개방체계와 폐쇄체계, 총체성, 상호 연관성 개념 등을 통해 인간이 환경과의 상호작용 속에서 끊임없이 변화하는 존재라는 관점을 제시하였다(이준우·임원선·이화옥, 2006). 여기에서 개방체계는 체계 내에서 뿐만 아니라 다른 체계와 정보, 에너지, 자원 등을 자유롭게 상호 교환하는 체계로서 체계 자체의 기능을 유지·발전시켜 나간다. 한편 폐쇄체계는 다른 외부체계와 상호작용하지 않아서 고립되어 있는 체계로 체계 안의 정보, 에너지, 자원 등이 밖으로 나갈 수도 들어올 수도 없는 체계이다. 또한 체계란 전체가 각 부분으로 나누어져서 유기체적인 상호연관 관계를 맺음으로써 전체의 안정을 유지한다는 '상호 연관성' 개념에 기초한다. 또한 일반체계 이론에서는 문제를 총체성(Wholeness) 속에서 이해하도록 하기 때문에 개입을 할 때에도 어느 한 부분에 치중하지 않고 전체 체계를 변화시키는 전략을 세우도록 해 준다(이준우·임원선, 2011).

따라서 생태체계 관점은 근로자 개인과 그를 둘러싼 환경체계의 중요성을 인식하고, 이 둘 사이의 상호작용 속에서 발생하는 문제나 역기능을 예방하고 해결하는 EAP의 기본적 관점으로 유용하게 사용될 수 있을 것으로 판단된다. 즉, 생태체계 관점은 근로자 개인을 하나의 체계로 또한 개인의 환경을 하나의 체계로서 파악하고, 생태학적으로 인간과 환경 간의 적응과 상호작용을 바라봄으로써 통합된다.

인간은 신체적·심리적·정치적·경제적(직업적)·교육적·정신적·사회적·성적인 다양한 부분들로 이루어진 하나의 체계이다. 환경은 두 가지 주요한 부분들, 즉 보호하고 발달시키는 부분(가족, 친구, 지역사회 등)과 지속, 유지시키는 부분(제도, 조직, 프로그램 등)으로 구성된 하나의 체계이다. 이러한 생태체계 관점은 다양한 부분 사이에서 그리고 인간과 환경의 공유 영역에서 일어나는 상호작용과 상호교류를 강조함으로써 환경 속의 인간에 대한 견해를 강조한다(Mattaini et al, 1995; 이준우·임원선, 2011).

이러한 생태체계 관점은 EAP 서비스를 전망하고, 실천개입의 하나인 EAP의 표적을 설정하는 데에 큰 도움을 줄 수 있다. 이것은 전체에 직접적인 관심을 두고자 할 때 적절하며, 근로자 상황의 한 부분이나 한 체계나 한 가지 특징에 관심을 두지 않는다. 이는 결과적으로 복합적이며 다양한 문제체계로 둘러싸여 있는 근로자의 문제를 해결하는 데에 매우 유용한 관점으로 대두되게끔 한다.

1) 생태체계 관점의 주요 개념

생태체계 관점의 주요 개념은 크게 네 가지로 살펴볼 수 있다.

첫째, 인간은 혼자서는 살 수 없다는 기본가정과 관련하여 인간과 환경 간의 상호교류를 통해 성장하고자 하는 적응(adaptation) 능력이 있으며 인간과 그 주변의 환경은 적합(goodness of fit)해야 한다. 둘째, 인간과 환경이 관계를 지속하기 위해서는 스트레스와 대처과정을 이해해야 한다. 셋째, 환경에 대한 인간의 관계성, 유능성, 역할들을 확인해야 한다. 넷째, 환경의 속성과 인간에게 미치는 영향력 즉, 연관성에 관심을 두어야 한다(이준우·손덕순, 2010).

(1) 적응과 적합성

아이들은 태어나서 부모에게 의존하는 시기를 거쳐 스스로 젖병을 잡으려고 하고, 자신이 관심 있는 물건을 갖기 위해 기거나 걸음마를 하고자 의자를 잡고

서보기도 하고 하루 종일 넘어지기를 마다하지 않는다.

아이가 조금 더 자라서 인지발달시기인 전조작기(2~7세)에 들어서면 자신의 욕구를 해결하기 위해 떼를 쓰거나 심하게 울고 때로는 공격적인 행동을 하기도 한다. 이에 부모는 아이의 요구를 들어주기도 하고, 때론 심하게 제지하기도 하며, 가끔은 무관심하게 다루기도 한다. 인간은 이렇게 환경에 대한 대처수준을 높이고, 적당한 대처기술을 선택해 사용하여 성장하고 변화하며 공생하려는 인지적·감각적·지각적인 행동과정을 거치게 되는데 이것을 적응(adaptation)이라 한다.

인간은 어떠한 어려운 상황에서도 자신의 삶을 유지하고자 자신이 변화하여 적응하던가 아니면 환경과 상호교류를 통해 환경체계상의 문제를 제거하거나 재조직하여 자신의 욕구와 환경을 적합(fit)하게 부합시킬 것이다. 여기에서 EAP는 근로자로 하여금 직장이라는 환경에 잘 적응하도록 도울 수 있는 것이다. 동시에 근로자의 욕구와 환경이 조화롭게 상호간에 협력과 소통이 잘 되도록 EAP가 충실한 역할을 수행하게끔 한다.

(2) 스트레스와 대처

근로자 개인과 그를 둘러싼 환경 사이는 지속적으로 상호교류하는 과정에서 필연적으로 스트레스(stress)가 유발된다. 생태체계 관점에서는 이러한 스트레스의 유발정도와 대처과정을 이해하려고 한다. 가령 직장에서 크게 소외된 상황을 경험한 근로자들은 직장을 이직하는 경우가 흔히 있다. 하지만 직장을 옮길 경우 과거 자신을 힘들게 했던 사람들로 인한 스트레스는 줄어들 수 있지만 새로운 직장의 규칙과 낯선 상사와 동료 및 아래 직원들에 대한 적응을 위한 또 다른 스트레스를 겪게 될 것이다. 실제로 이 경우 환경에 대한 적응능력이 떨어진 근로자의 심리사회적 상태를 그대로 둔 채, 이직이 되었다면 이직은 도움이 되기보다는 또 한 번의 좌절을 겪어 오히려 자기 인식의 문제를 깊게 만들 것이다. 이런 경우 EAP 전문가는 서비스이용자인 근로자에게 동료를 사귀는 방법이나 문제해결 능력 등에 많은 훈련과 지지를 통해 대처(coping) 능력을 키워주어야 직장 내

소외 및 적응 문제에서 벗어나게 될 것이다.

또 한 예를 들어 보자. 어떤 근로자가 지방 소도시 작은 공단에 있는 중소기업에서 일하다가 서울에 있는 대기업에 스카우트되었다. 이 때 모시고 살던 노부모님도 함께 오셨는데, 노부모의 경우 자녀들을 보는 것은 기쁘지만 물리적 환경의 변화와 이웃과 친구 등 사회적 관계망의 결핍으로 스트레스를 겪게 된다. 만약 이렇게 거주환경을 바꾸어야 한다면 가족들은 노부모의 상실감을 이해하고 새롭게 사회적 관계망을 넓히도록 적극적으로 지원해야만 한다.

물론 스트레스가 반드시 문제가 되는 것은 아니다. 개인이 환경에 대한 적응 능력이 있는 경우에는 생활문제가 발생하기보다는 개인의 성장과 발전에 또 다른 기회를 제공할 수도 있다. 그러나 환경과 개인의 대처능력 사이에 균형을 이루지 못한다면 생활문제가 발생하게 되는 것이다. 이와 같은 생활문제들을 해결하는 데에 EAP는 매우 유용하다.

(3) 관계, 역할, 유능성

인간은 태어나면서 초기 양육자인 어머니와의 관계를 통해 인간에 대한 신뢰(trust)와 불신(mistrust)을 경험하고 관계의 질이 결정된다고 한다. 관계(relatedness)는 인간관계를 형성하거나 타인과 연결될 수 있는 능력이다. 영국 의회 교육위원회에서는 영국 학생 4분의 1이 16세가 되기 전에 부모의 이혼을 경험하지만 특히 성적이 좋은 학생들은 부모의 이혼 여부에 상관없이 부모와의 관계가 긍정적인 것으로 보고된 바가 있다.

가족과 같은 1차 집단 내에서만이 아니고 사회적 환경과의 관계를 통해서 역할(role)을 부여받기도 한다. 역할은 특정한 사회적 지위를 갖고 있는 개인이 타인에게 어떻게 행동해야 하는지에 대한 기대뿐만 아니라 타인이 그 사람에게 어떻게 행동해야 하는지에 대한 기대까지도 포함하고 있다. 즉, 역할은 일련의 기대되는 행동유형일 뿐만 아니라 상호적 요구와 의미의 유형이다(김동배 · 이윤로, 2004).

청소년들은 가정에서 부모들에게 기대되는 역할들의 결핍을 또래친구들로부터 얻으려고 하며 또한 가정에서 자녀로서의 역할들을 수행하지 않으려고 하는 경우 자아존중감이 떨어지며 일탈행동들이 발생하게 된다. 물론 갈등을 겪게 될 때 자녀나 부모는 서로 원하는 역할을 수행해보면서 관계를 재형성하고자 노력할 것이다. 이렇듯 개인들은 환경과 교류 속에서 얻어지는 문제들을 해결하거나 완화하고자 더욱 성공적인 상호교류를 하고자 한다. 이러한 유능성(competence)의 발달은 인간 발달의 필수적인 요소라 할 것이다.

(4) 환경체계와 인간과의 관계

브론펜브레너(Bronfenbrenner)는 인간은 환경과 상호교류하는 능력이 있다고 보았다. 인간은 누구나 어떤 식으로든 환경으로부터 반응을 이끌어내어 외부 환경 자체를 재창출시키거나, 그러한 환경적인 변화를 통해 각기 다른 심리적 성장과정을 이끌어 낼 수 있는 것이다(강인숙 외, 2006). 개인을 둘러싼 환경체계는 미시체계(micro system), 중간체계(meso system), 외체계(exo system), 거시체계(macro system) 등 서로 상이한 수준의 체계가 있으며 각 수준에 속한 체계는 그 수준보다 큰 수준체계 내에 놓여 있어 각 수준체계가 어떻게 기능하느냐는 대개 높은 수준체계와의 상호작용 양상에 좌우된다고 한다(Bronfenbrenner, 1979).

미시체계(micro system)는 개인에게 가장 인접한 수준의 환경으로 소속체계라고도 한다. 개인이 일상생활 속에서 직접 접촉하고, 상호교류하고 있는 상황으로 각 개인마다 서로 다른 독특성을 지니고 있다. 항상 잠을 자고 생활하는 물리적 주거환경, 가족관계 속에서 어떤 결정을 하는 과정과 가족규칙, 의사소통패턴, 학교, 친구, 이웃 등과 이루어지는 관계유형과 역할, 활동을 말한다. 청소년기에는 아동기 때보다 친구와의 갈등이 부모와의 갈등보다 더 괴롭고, 자녀를 출산하게 되면 그 무엇보다도 자녀양육에 모든 관심이 집중되듯이 미시체계는 개인의 특성과 성장에 따라 달라지며 인간의 행동 및 정서발달과 성장에 매우 중요한 영향을 미친다.

중간체계(meso system)는 미시체계들 간의 상호호혜적인 관계성을 말한다. 예를 들면 왕따를 경험하는 아동들의 경우 또래관계에 부모가 불필요한 역할로 관여하여 더욱 부정적인 상황을 만들기도 한다. 또는 부모와 교사가 서로 아동에 대한 정보를 주고받지 않아 서로 다른 평가를 하거나 아동의 어려움을 돕지 못하는 경우도 있다. 또한 가족관계에 있어서도 어머니와 아들, 남편과 아내의 관계에서 요구되는 역할과 기대들이 각기 다르다. 어머니는 노후에 아들과 함께 살며 안정감을 유지하고 싶어 하지만 아내는 시어머니의 지나친 간섭으로 스트레스를 받아 남편의 역할을 인지하도록 요구하며 합가를 반대한다면 남편은 큰 고충을 경험하게 될 것이다. 중간체계에서 개인은 다양한 미시체계들과 관계를 갖고 각기 다른 역할을 수행하게 된다.

외체계(exo system)란 개인이 직접 참여하고 있지는 않지만 개인의 발달에 영향을 미치는 체계를 말한다. 부부 중심의 가족생활 선호와 자녀양육에 대한 사회적 지원체계가 부족하여 양육비 부담이 커짐에 따라 결혼을 한 부부들은 자녀출산문제를 고민하게 된다. 또한 자녀를 낳았을 경우에도 양육비 부담으로 인해 맞벌이 부부가 증가하고 자녀들은 중요한 유년기에 미시체계가 부모 아닌 조부모 또는 다른 양육자로 변화되도록 영향을 미친다. 외체계는 또한 사회의 전반적인 문제를 예방하는 요인들도 제공한다. 외체계를 분석하면 가족의 확대개념을 통해 방임아동을 위한 지원체계를 조성할 수 있으며 또한 건강한 노년기의 새로운 역할을 재조정하여 노령인구의 경제적 활동, 사회통합 등 다양한 사회복지서비스의 질을 향상시킬 수 있다.

거시체계(macro system)는 가장 큰 체계로 사회 구성원 모두에게 공통적으로 해당되는 환경을 의미하며 물리적·사회적·문화적·경제적·정치적 구조 등이 여기에 해당된다. 또한 대중이 갖는 사회적 관심, 유행, 경제의 흐름, 생활방식의 변화도 여기에 포함된다. ‘그때 그 시절을 아시나요?’라는 대중매체 멘트처럼 우리는 살아가면서 시대에 따라 직접적인 영향은 아니지만 어떤 형태로든지 자신의 삶에 영향을 준 거시체계에 속하는 환경이나 상황을 마주하게 된다.

1980년대 “아들딸 구분 말고 둘만 낳아 잘 기르자!”하던 가족계획정책에 의해

3명 이상의 자녀를 낳는 것은 아주 특별한 상황일 만큼 우리 가정에 영향을 주었고 우리나라의 인구증가율이 저하되는데 성공적인 역할을 하였다. 그러나 지나친 출산율 감소가 국가적 위기로 대두되면서 이제는 국가 및 지방자치단에서 출산율을 증가시키기 위해 많은 혜택을 주며 출산을 장려하고 있다. 그러면서 더 이상 이전의 가족계획정책에 대한 긍정적인 평가는 하지 않는다. 거시체계가 다르면 개인과 개인, 집단과 집단 간에 이질적인 사고와 행동을 형성하고 서로 이해할 수 없는 문화적 차이가 생겨난다는 점에서 거시체계는 개인의 삶과 밀접한 관계를 맺고 있다(이준우·임원선, 2011).

2) 생태체계 관점에서의 EAP 실천

생태체계 관점에서 EAP 전문가는 근로자의 복합적인 욕구를 문제와 원인의 관계에서 이해하기보다는 근로자와 함께 해결할 수 있는 과업으로 인정하고, 이러한 욕구를 충족하고 해결해 나가는 과정에 근로자를 비롯하여 근로자를 둘러싼 다양한 차원의 환경체계의 참여를 독려한다. 왜냐하면 근로자가 도움을 필요로 하는 욕구와 문제는 근로자 개인의 내부 요인에 의해 발생하는 경우도 있지만, 대체로 환경체계와의 상호작용 속에서 부적합하거나 부적절한 기능에 의해 발생되는 산물일 수도 있기 때문이다.

따라서 생태체계 관점에 기반하여 EAP를 실천할 때, EAP 전문가는 근로자의 해결되어야 할 욕구와 문제를 근로자 개인 수준에서 해결되어야 할 과제로 인식하기보다는 근로자와 그 환경체계에서의 상호작용 맥락의 적합성 수준을 높이고 이에 대한 대처기능을 향상시켜야 한다. 그리고 이를 통해 근로자의 욕구 전반에 연관되어 있는 환경체계와 근로자 자신의 내부체계를 강화하는 것을 목적으로 한다(권진숙·박지영, 2009). 이러한 목적을 달성하기 위해 EAP 전문가는 근로자의 욕구와 관련된 다양한 체계 수준에서 근로자와 함께 실천을 하게 된다.

또한 실천 범주는 개인 내부 요인에서부터 근로자가 궁극적으로 통합되고 스스로 활용해야 할 자원을 포함하는 지역사회에 이르는 거시적 차원까지의 영역을 모두 포함하고 있다. 이에 따르면 EAP 전문가는 사회복지사와 유사하게 '체계 안에서 정책을 수립하고 자원 배치를 지도하는, 보이는 그리고 보이지 않는 손으로서 활동하는 촉진자, 체계조정자, 서비스 중계자 등으로 간주'될 수 있다(Holloway, 1991). 또한 EAP 전문가는 근로자들이 필요로 하는 자원을 연결시켜 주고 서비스 전달을 조정해 주는 소개자, 촉진자, 연결자, 중재자, 옹호자 등의 역할을 해야 하며 이를 위해 지역사회의 자원, 근로자의 권리와 정책, 옹호, 중재 기술 등 광범위한 지식을 가지고 있어야 한다. 그리고 EAP 전문가는 근로자에 대한 정보를 모으고 처리하여 근로자를 대신해서 자원들의 이전을 협상하고, 서비스 전달에 대한 책임성을 획득하며, 서비스들의 제공결과를 점검하고 평가하기 위해 직장 내 모든 부서와 조직체계들의 경계 전반에 걸쳐서 활동해야 한다.

이와 같은 EAP 전문가의 역할과 기능을 통해 EAP 실천의 핵심을 압축적으로 정리한다면 'EAP 실천은 근로자들의 관계망을 효과적으로 형성하는 것'이라 할 수 있다. 여기에서 관계망은 문제에 대처하는 탄력성이다. 근로자 자신의 삶과 직장이라는 조직사회에서 이루어지는 사람살이를 지탱하는 저력이다. 즉 자주자립적인 공생의 바탕이다. 그러므로 EAP 전문가는 근로자를 돕되, 그 사람의 관계망, 사회적 지지망을 회복시키고 개발할 뿐만 아니라 효과적으로 관계망을 유지하고 개선해서 강화해나가는 방식으로 도와야 한다.

직장 내에서의 빈약한 관계는 직장생활에서 발생하는 다양한 문제의 근원이 될 수 있다. 반면 좋은 관계는 온갖 기업복지의 바탕이 된다. 관계가 없거나 미흡하면 직장 내 소통이 무정하거나 냉정한 모습이 된다. 어떤 일이건 남의 일이 된다. 자기 이익을 위해서 남에게 해를 입히는 일마저 서슴없이 감행하게 된다. 측은지심을 잃어가고, 양심의 가책에 둔감해진다. 하지만 풍성한 관계가 있으면 직장 분위기가 따뜻해지고 직장 내 소통은 다정스러워진다. 무슨 일이건 아는 사람의 일이 된다. 직장에서 경험하는 사람의 고통이 분담될 뿐만 아니라 나눔과 도움이 소통된다. 따라서 직장 내에서 관계가 없으면 정도 없고, 기업복지도 없게 된다. 따라서 EAP가 다루는 문제의 본질은 '관계'에 있고, 관계를 회복하기 위한 스트레스 감소를 통해 궁극적으로는 기업복지의 바탕이 좋은 '관계'임을 실증적으로 보여주는 휴먼서비스가 바로 EAP인 것이다.

2. 임파워먼트 관점

임파워먼트는 '파워(power)'를 부여하는 의미로서, 파워란 권한과 능력이라는 두 가지 뜻을 가지고 있다. 실제로 웹스터(Webster) 사전은 'empower'의 뜻을 '권한을 부여하다(give authority to)'와 '능력을 부여하다(give ability to)'의 두 가지로 설명하고 있다. 그러나 그 의미는 매우 다양하기 때문에 관련 학자들마다 상이하게 정의를 내리고 있다. 우리나라에서 임파워먼트는 권한부여, 권능강화, 권력주체화, 세력화, 역량강화 등으로 번역되어 사용되고 있으나 그 본질적 개념이 달라질 수 있으므로 원어 그대로 임파워먼트를 사용하는 경우가 많다(이준우·임원선·이화옥, 2006).

임파워먼트 관점이란 이와 같은 임파워먼트의 개념으로 바라보는 것을 의미한다. 임파워먼트 관점이 무엇인가를 구체적으로 살펴보고자 주요 개념을 정리하고 이에 따른 EAP 실천의 개략적인 방향을 설정해보고자 한다.

1) 임파워먼트 관점의 주요 개념

먼저 임파워먼트에 대한 다양한 견해들을 EAP 실천을 염두에 두면서 간략히 정리하면 다음과 같다(이준우·임원선, 2011).

첫째, 임파워먼트는 EAP를 제공받는 근로자가 EAP 서비스의 내용과 범위에 관해서 충분하게 이해하고 이를 바탕으로 힘을 충분히 발휘하게끔 하는 것이다.

둘째, 근로자 개인이나 집단이 무력한 상태에서 상대적으로 힘을 가진 상태로 되는 과정이다.

셋째, 할 수 있다는 신념을 강화시키는 행동, 사람의 내적 신념의 변화과정이다.

넷째, 집단과 조직의 파워 자체를 커지게 하는 현상이다. 협동, 나눔, 함께 일함을 통해 힘을 구축하고 개발하며 증대시키는 행동이다. 또한 힘의 공동상승 효과를 기초로 한 '고용주－근로자'의 상호 발전적 과정이다.

다섯째, 조직행동에 관한 정보, 조직행동에 기초한 보상, 조직 구성원이 조직행동을 이해하고 수행할 수 있도록 하는 지식, 조직의 방향과 행동에 영향을 미치는 의사결정권을 근로자에게 주는 것이다.

여섯째, 합법적인 권한, 무엇인가를 해 낼 수 있는 능력, 에너지 또는 원동력이다. 과업성취에서 자신의 노력이 결과에 미치는 영향이며, 주어진 직무를 능숙히 처리할 수 있는 능력, 스스로의 행동에 의해 직무를 결정하는 선택 등 내적 직무동기를 조직 구성원에게 부여해주는 과정으로서 단순히 파워를 주는 것, 개인에게 권한을 위임하는 것뿐만 아니라 스스로가 할 수 있다는 신념을 고양시키는 주체적인 역량이자 에너지임을 강조하고 있다.

또한 임파워먼트에 대한 폭 넓은 이해와 시각을 제공해 준 것은 콘저(Conger)와 카웅(Kanungo)의 정의이다. 이들은 임파워먼트의 개념을 관계 구조적 측면과 동기부여적인 양 측면에서 정의내리고 있다(Conger & Kanungo, 1988).

첫째, 관계구조적 측면은 조직구성원의 활력을 조성하기 위해 권한을 부여하는 과정, 조직 내의 일정한 권한의 배분이나 법적 파워를 조직구성원에게 배분하는 과정이라고 하였다. 이것은 적절한 파워의 배분을 통해 파워의 균형을 이루도록 하는 의미가 포함되어 있다.

둘째, 동기부여적 측면에서는 '할 수 있다는 믿음이나 판단', 즉 자기효능감(self－efficacy)을 부여하는 과정으로 보았다. 따라서 파워와 자기효능감에 관련한 다양한 관리기법 등 임파워먼트의 많은 요소들이 동원되고 있다. 따라서 이전의 어떤 학자들의 정의보다도 임파워먼트 개념에 포괄적으로 접근했다는 평가를 받고 있다.

한편, 임파워먼트는 크게 관계적 임파워먼트와 심리적 임파워먼트의 두 관점으로도 이해될 수 있다. 그러나 임파워먼트를 달성하기 위해서는 관계적 임파워먼트나 심리적 임파워먼트 어느 하나의 접근만으로는 불충분하다. 심리적 임파워먼트가 개인의 인지적 평가와 감정을 중요시하지만, 이를 위한 실제적인 환경의 변화가 따르지 않는다면 개인이 파워를 느끼기 어려울 것이다. 따라서 임파워먼트는 심리적 접근과 관계적 접근 모두가 강조되어야 하는 개념이다.

2) 임파워먼트 관점에서의 EAP 실천

이렇게 임파워먼트의 개념은 근로자 자신의 개인적 변화 수준, 직장이라고 하는 사회 변화 수준, 또는 조직 변화 수준 등으로 다양하게 설명되고 있다. 개인적 변화를 강조하는 미시적 접근에서 임파워먼트란 기존의 치료 중심의 실천에서 근로자를 문제가 있는 사람으로 규정하는 것에서 벗어나, 근로자의 강점을 강조함으로써 근로자의 잠재역량 및 자원을 인정하고, 근로자가 삶을 결정할 수 있도록 역량을 부여하고자 하는 것이다. 즉, 근로자를 환자로 보고 문제를 찾아 증상을 치료하려들기보다 그냥 사람으로 보고 강점을 살려 바탕을 튼실하게 만드는 것이다.

결국 EAP의 주요 기능은 근로자의 잠재력을 극대화함으로써 문제를 해결하고 환경체계를 활용할 수 있는 능력의 함양이다. 실제로 근로자의 강점을 회복하고 계발할 뿐만 아니라 이미 갖고 있는 강점을 지속적으로 유지하고 동시에 강점을 더욱 좋은 방향으로 개선하고 강화하는 것이 EAP가 추구하는 방향인 것이다. 이렇게 근로자의 강점과 기회를 살리게 되면 약점과 위협은 희석되거나 상쇄될 뿐만 아니라 마침내는 무력화 될 것으로 생각된다.

이와 같이 강점을 중시하는 임파워먼트 관점에 기반한 EAP는 근로자와 고용주 모두에게 매력적으로 다가온다. 모든 직장 구성원들에게 좋은 인상을 갖게 한다. 그리고 이런 직장 분위기는 더더욱 근로자들의 강점을 확대 재생산할 뿐만 아니라 그 강점들을 유지하고 강화하는 데에 유용하다. 이러한 개인과 환경 기능의 최적화를 위해 EAP 전문가는 다양한 체계에 효율적인 개입과 관리 역할을 수행하는데, 이러한 EAP 실천은 임파워먼트의 실천적 가치 및 의의와도 같은 맥락임을 알 수 있다.

제4장 EAP 최신 동향과 전망

제1장과 2장에서 EAP에 관한 전반적인 내용을 살펴보았다. 이번 장에서는 기존의 EAP보다 훨씬 더 발전적이며 획기적인 서비스 모델과 과정, 실천방법과 기법 등을 개발하기 위해 현재 활용되고 있는 EAP의 최신동향을 분석적으로 고찰하여 향후 EAP가 나아가야 할 방향을 설정해 보고자 한다.[8]

이와 같은 작업을 통하여 정리된 내용은 제3부에서 다루게 될 'EAP 실천 과정과 방법'이 창의적이며 혁신적인 내용이 되게끔 하는 데에 기초자료로서 활용되었다.

1. 거시적 측면의 고려

지금까지의 EAP에서는 거시적 측면이 소홀히 취급되었다. 일부 EAP에서 근로자 개인뿐 아니라 근로자를 둘러싸고 있는 환경요인도 고려하는 경우가 있기는 하나,[9] 구긴스와 데이비슨(Googins & Davidson, 1993)도 언급하듯이 아직까지 EAP가 광범위한 환경에 초점을 두고 있다고 보기는 어렵다. 즉 직장과 환경은 변하지 않으니까 개인의 행동·생활양식을 바꾸든지 또는 개인이 스트레스를 잘 관리할 수 있도록 하자는 식이 EAP에서 취하는 접근의 주류를 이룬다. 이렇게

8 최신동향을 살펴보기 위해 참고한 자료는 다음과 같다. Ramanathan, 1992; Googins & Davidson, 1993; Arnold, Cooper & Robertson, 1995; 노병일, 2000; 최수찬, 2004; 왕은자·김계현, 2007; Pollack, Austin, & Grisso, 2010; McCann, Azzone, Merrick, Hiatt, Hodgkin & Horgan, 2010; Anema & Sligar, 2010; Pollack, Cummiskey, Krotki, Salomon, Dickin, Gray & Grisso, 2010; Jacobson & Jones, 2010; Lindquist, McKay, Clinton－Sherrod, Pollack, Lasater & Walters, 2010 등이다.

9 EAP 담당자는 광의의 회사정책에 관여하기도 한다. 예를 들면 기업연금 정책과 구조조정이 미치는 영향과 같은 것이 있다(Flynn, 1996).

단기적이고 개인적으로 접근하다보니 EAP 서비스의 많은 부분이 심리적 상담에 치중되고 있다(Arnold, Cooper & Robertson, 1995).

서비스이용자는 자신의 문제가 개인 환경을 뛰어 넘는 것이거나 직무와 관련되어 있는 것이라고 설명할 때조차, EAP 전문가는 서비스이용자 문제를 개인적 관점에서만 보는 경우가 많다고 라마나단(Ramanathan, 1992)은 지적한다. 예를 들면 서비스이용자의 44%만이 자신의 문제가 개인문제라고 생각하였으나, EAP 전문가는 서비스이용자의 76%가 개인문제를 가지고 있는 것으로 간주하였다. 이와 같은 경우 다음과 같은 문제가 발생할 수 있다.

첫째, EAP 전문가는 실제 문제의 핵심인 환경적 측면보다는 개인적 측면에 초점을 더 두게 되고, 이에 따라 EAP 전문가는 근로자의 문제를 유발시키고 경감시키는데 있어서 환경적 측면이 가지는 역할을 무시할 위험성이 있다.

둘째, EAP 전문가가 단기적 개인상담을 제고하는데 관심을 갖거나 근로자를 직장 외부의 치료기관으로 위탁하는 데만 관심을 주로 가질 수 있다.

구긴스 등(Googins et, al., 1993)은 기존의 EAP가 개인적 측면에 과도하게 초점을 두고 있는 이유로 다음과 같은 점을 제시하고 있다.

첫째, 생산성 측면의 측정(예를 들면 결근율)에 초점을 둠으로써 개인지향적 EAP가 주된 부류를 이루어왔다.

둘째, 그간 전통적으로 EAP가 알코올로 어려움을 겪는 근로자를 평가하고 재활시키는데 큰 관심을 가져왔기 때문에 EAP가 개인에만 초점을 두어 온 측면이 많았다.

셋째, 의료모델(medical model)에 근거하였다. 의료모델은 개인치료에 초점을 두는데, 보험회사나 약물남용치료와 관련된 업계도 개인치료에 초점을 두어왔다.

넷째, 단주모임(AA)의 전통과 관련이 있다. AA는 알코올중독의 사회적·문화적·조직적 측면에 대해서는 고려하지 않는 경향이 있었다.

다섯째, EAP가 회사조직의 저항·반대를 걱정한 탓이다. 직장의 조직은 새로운 관심사를 거부하는 경향이 있다. 이에 따라 개인의 변화에 초점을 두게 되고, 이러다 보니 조직이 수용 가능한 변화만 추구하는 경향이 있었다.

여섯째, EAP 전문가·심리학자·간호사·알코올상담사의 교육 배경 자체가 미시와 관련이 깊었고, 이에 따라 개인문제에만 주된 관심을 갖는 측면이 있었다.

더욱이 라마나단(Ramanathan, 1992)은 EAP 모델을 현대 산업복지 분야에서의 주도적인 모델로 보고 있는데, 그는 EAP 모델이 서비스이용자 개인의 문제와 서비스이용자에게 바로 근접한 환경에만 초점을 두게 하고, 그 반면에 사업장의 광범위한 구조적 환경여건을 무시하는 경향을 지니고 있음을 지적한다.

하지만 현대사회에서 보다 효과적으로 EAP가 활용되기 위해서는 EAP 전문가는 다음의 세 가지 측면을 고려하여야 한다고 맥카시와 스텍(McCarthy & Steck, 1990)은 주장한다.

첫째, 환경적 측면으로서 물리적 여건이나 회사 외부의 가치 등을 말한다.

둘째, 조직자체가 가지고 있는 기업 측면이다.

셋째, 개인 근로자에게만 해당되는 개인적 측면이다.

이 세 가지 측면은 서로 영향을 주고받으므로 상호 간의 역동적 측면을 잘 고려해야 한다. 실제로 EAP가 통상적으로 다루고 있는 개인문제는 그 근본적 근거를 거시적 환경에서 찾을 수 있는 경우가 많다. 그러므로 근로자의 어려움을 감소시키기 위해서는 EAP가 개인적 수준과 조직적 수준 모두에 초점을 두도록 EAP 전문가가 관심을 가져야 한다. 이렇게 해야만 EAP 전문가가 문제의 잘못을 서비스이용자에게만 돌리는 경향에서 벗어날 수 있다.

특히 EAP 서비스이용자는 기업의 개개 근로자일 수도 있고, 기업 그 자체일 수도 있다는 맥카시 등(McCarthy et al., 1990)의 지적은 귀담아 들을 만하다. EAP가 기업 환경을 바꾸려면 EAP가 개인에 초점을 두는 접근에서 조직·회사에 초점을 두는 접근으로 방향을 바꾸는 것이 더 나을 수도 있음을 구긴스 등(Googins et al., 1993)은 지적한다. 따라서 앞으로 EAP는 미시적 측면 뿐 아니라 거시적·중도적(meso) 측면에서도 많은 논의와 실천이 이루어질 것으로 본다.

또한 맥캔, 아존, 메릭, 히아트, 핫지킨과 홀건(McCann, Azzone, Merrick, Hiatt, Hodgkin & Horgan, 2010)의 연구에 의하면 고용주들이 근로자들에게 제공해야 할 EAP 서비스에는 반드시 가족이 포함되어야 할 뿐만 아니라 실질적인 EAP 서비스 내용은 지역사회에서 활용할 수 있는 다양한 여가와 문화적인 자원 등을 소개하고 서비스이용자들이 스스로 누릴 수 있게끔 해야 한다고 강조하였다.

2. 통제적·억압적 측면에 대한 고민

EAP에서 큰 쟁점이 될 수 있는 것은 직장에서 제공되는 사회서비스의 수혜자가 과연 누구인가 하는 점이다. 즉 서비스이용자 개인이 EAP 수혜자인가 또는 회사가 EAP의 수혜자인가 하는 문제가 등장하는데, 이것은 EAP가 통제적·억압적 성격을 가질 수도 있음을 보여준다. 어느 경우에도 EAP를 제공하는 주된 목적이 서비스이용자 개인보다는 회사를 위하는 식으로 전개될 수 있기 때문이다. 이 경우에 근로자와 그 가족을 위한다는 EAP 고유의 취지에 어긋나게 된다. 라마나단(Ramanathan, 1992)은 이런 점이 문헌상으로는 제기되었으나 경험적으로는 연구되지 않았음을 지적하고 있다. 이와 관련된 예를 몇 가지 들어보면 다음과 같다.

첫째, 일반적으로 스트레스를 적게 받는 근로자가 스트레스를 많이 받는 근로자보다 그 직장에서 계속 일을 하려는 경향이 더 크다. 그런데 라마나단(Ramanathan, 1992)의 연구에 의하면, EAP 서비스를 받은 근로자는 그 회사에 머물려는 의도가 더 줄어들었는데, 이것은 EAP가 스트레스를 감소시키지 않았거나 또는 EAP가 작업환경을 개선시키지 않은 점에서 그 이유의 일부를 찾을 수 있다. 이 경우에 EAP 전문가는 그 근로자의 스트레스를 감소시켜 주어야 하는 것인지 또는 그 근로자가 직장을 떠나게 하는 것을 도와주어야 하는 것인지의 갈등적 상황에 처하게 된다. 만약에 EAP 전문가가 근로자를 그 직장에 머무르게 하는 것에 과도한 관심을 갖는다면 EAP는 고용주에게 이용당한다는 측면이 내포될 수 있다.

둘째, 라마나단(Ramanathan, 1992)은 개인 스트레스와 생산성이 서로 관련되어 있기는 하지만, EAP는 개인 스트레스를 감소시킴이 없이 근로자의 생산성을 증가시킨다고 주장한다. 이 경우에 EAP는 개인 근로자보다는 고용주에게 유리한 측면으로만 작용될 소지가 있다. 따라서 EAP 전문가는 근로자의 생산성이 증가할 경우에 근로자의 스트레스를 감소하는 것도 중요한가의 문제도 따져보아야 한다.

셋째, 상사가 위탁을 요청한 부하 서비스이용자의 업무성과가 개선되었다는 점을 근거로 하여, EAP 서비스가 근로자의 동기를 유발하였다고 긍정적으로 평가할 수 있다. 그러나 다른 관점에서 볼 경우, 이런 근로자는 자기가 EAP에 참가해서 업무성과를 개선시켜야만 그 직장에서 불이익을 당하지 않을 것이라는 사실을 피부 깊숙이 느꼈기 때문에 동기가 증가되었을 수도 있다. 그 경우에는 근로자가 EAP를 통해서 오히려 위협을 받는 상황에 처할 수도 있고, 이것은 EAP의 억압적 측면을 보여주는 사례로 제시될 수 있다.

최근에 들어와서 이상과 같은 EAP의 통제적·억압적 측면을 개선하고자 고민하는 연구들이 늘어나고 있는 것은 매우 고무적인 현상이라고 할 수 있다. 한 예로 아네마와 스링가(Anema & Sligar, 2010)의 연구에 의하면 EAP를 통해 서비스이용자들을 돕는 재활 전문가들은 고용주가 정부 보조금 때문에 서비스이용자를 고용하는 일이 없도록 감시해야 할 뿐만 아니라 서비스이용자인 근로자를 적극 옹호하는 역할도 하여야 함을 강조한다. 그리고 이와 같은 재활 전문가들의 노력이 결과적으로는 서비스이용자인 근로자의 직장 적응과 업무 효율성에 긍정적인 영향을 미쳤다고 보고되고 있다.

또한 폴락 등(Pollack, Cummiskey, Krotki, Salomon, Dickin, Gray & Grisso,

2010)은 미국에 살면서 배우자로부터 가정폭력을 경험한 여성 근로자들(760명)이 EAP를 찾는 이유를 조사하였는데, 이들 대부분의 여성들은 상담 또는 정신과나 법률 서비스를 소개받기 원할 뿐만 아니라 경우에 따라서는 강력한 옹호까지 원하고 있었음을 그 결과로 제시하고 있다.

3. 효과성의 입증

지금까지 EAP는 근로자의 문제를 조기에 발견하여 치료하게 되면 근로자와 회사에 이익이 된다는 전제 하에서 운영되어 왔다. 이것은 그럴듯한 말로 보이지만 고용주가 이 말을 인정하기 위해서는 EAP가 효과적이라는 것이 '실증적으로' 증명되어야 한다. 따라서 여기에서 EAP의 비용효과성을 측정하는 문제가 등장한다.

지금까지 EAP가 어떤 기업의 결근율을 감소시켜 수백만 달러를 절감시켜 주었다고 주장을 하지만, 이에 대한 구체적인 자료를 제시하라고 요구를 받게 되면 EAP 담당자들은 엄격한 조사 설계에 근거한 자료를 제시하지 못하는 경우가 많았다고 데커 등(Decker et al., 1986)은 지적한다.

EAP의 효과성에 대한 평가가 중요한 배경으로서 데커 등(Decker et al., 1986)은 다음과 같은 내용을 제시한다.

첫째, EAP의 효과성을 실증적으로 증명하는 자료가 제시되지 않는다면 EAP는 사라져 버릴 가능성이 높다. EAP는 앞으로 EAP 전문가들이 사업장에 고용되어 일을 하는데 중요한 프로그램이 될 것으로 전망되기 때문에 EAP의 효과성에 대한 연구는 더욱 절실하다.

둘째, 근로자에게 제공되는 기업복지 혜택이 감소될 가능성이 크기 때문이다.

셋째, 기업들은 자기들이 과연 이윤 추구를 하는 사업을 하는 곳인지 또는 근로자의 정신건강을 도와주는 사업을 하는 곳인지에 대하여 심각하게 따져보기 시작하고 있다.

넷째, 회사·노동조합·근로자는 EAP에 투자한 시간·비용·인적자원에 대해서 자기들이 정당한 대가를 받고 있는지를 알 권리가 있다.

실제로, 기업들은 근로자가 가지고 있는 의료적·행동적 문제가 기업에게 손실을 줄 수 있다는 것을 점점 알게 되었고, 이에 따라 근로자의 신상과 관련하여 비밀보장을 해주면서 EAP가 얼마나 효과적인지를 구체적 비용으로 보여줄 필요성이 커지고 있다.

4. 다양한 대상에 대한 여러 가지 형태의 접근 시도

최근 EAP는 다양한 대상과 주제에 대한 접근으로 발전해 가고 있는데 이러한 추세는 앞으로도 계속될 것으로 예상된다. 자콥손과 존스(Jacobson & Jones, 2010)는 효율적이고 효과적인 EAP 서비스를 고객들에게 제공하기 위해서 1,500개의 직장 단체들과 900,000명이 넘는 직원들을 상대하는 23명의 EAP 업체 사장들을 대상으로 연구를 진행하였다. 연구 결과, 직장 관련 스트레스와 건강관리 비용이 EAP 업체 사장들과 그들 고객들의 공통적인 가장 큰 관심임이 나타났으며 동시에 납득할 수 있는 객관적인 표준화된 성과측정에 의한 결과물을 알기 원하는 것으로 파악되었다. 이는 향후 EAP가 보다 더 높은 성과를 측정할 수 있어야 함을 말해 준다.

골란과 밤버거(Golan & Bamberger, 2009)는 회원 지원 프로그램(Member Assistance Program, MAP)을 개발하였는데 이는 동료를 기반으로 하여 시작된 새로운 형태의 EAP이다. 이는 미국에서 시작되어 다른 나라들로 퍼졌는데 린드퀴스트 등(Lindquist, McKay, Clinton-Sherrod, Pollack, Lasater & Walters, 2010)은 다문화·다인종·다국적 기업에서의 EAP 효과성을 측정하였으며, 친밀한 직장 동료의 폭행 문제 해결과 예방에 효과적인 EAP 프로그램을 개발하였다.

이처럼 다양한 대상을 위해 보다 구체적이며 체계적인 프로그램으로 발전하면서 활발하게 시행되고 있는 최신 EAP를 사례와 함께 소개하고자 한다.

1) 약물 오남용을 해결하기 위한 EAP

약물은 우리 문화의 한 부분이 되었고 약물오남용은 우리의 삶에 영향을 끼친다. 알코올, 오용된 처방전들 또는 다양한 약물의 사용들이 사람, 가족, 사업체들을 해친다. 더 나아가 높은 장기결석, 늘어나는 사고, 병가 그리고 의료 청구 요금들로 이어진다. 이로 인해 실수가 빈번해지고 상품들은 불완전하게 만들어져 시장에 불이익을 가져온다.

예일대학교 심리학과 교수인 허버트 크레버(Dr. Herbert Kleber)는 "코카인을 사용할 경우 사람의 에너지가 증가하고 자신감이 생기며 보통 때 하지 못하는 일들을 할 수 있다고 생각하게 된다. 처음 사용할 때에는 자신이 조절할 수 있을 것이라 생각하지만 코카인을 지속적으로 사용할수록 코카인이 사람을 지배하게 된다."고 강조하면서 "지난 25년 동안 약물을 남용한 사람들과 일을 하였는데 처음 시작할 때 자신이 불행에 뛰어들고 있다는 것을 느낀 사람은 다섯 손가락 안에 꼽을 수 있다. 보통 사람들은 이러한 일들이 자신에게는 일어나지 않을 거라고 믿는다."고 말한다.

미국에서는 1987년 1월 4일 기차가 같은 철도 선로에 있는 콘레일 기관차와 충돌하였다. 16명이 죽고 175명이 부상당하였으며 1천70만 달러 상당의 재산을 잃었다. 콘레일 기관사가 마리화나 사용으로 인해 제 기능을 하지 못하여 일어난 사고다. 이렇게 약물 사용은 희생이 크고 치명적이다. 그렇다면 이러한 직장 내 약물남용의 문제를 어떻게 해결해야 하는가? 근로자들을 교육하는 것에서부터 시작할 수 있다.

몇 년 전부터 미국 정부와 사업체들이 이러한 문제들을 해소하기 위해 조치를 취하기 시작했고 어떤 형태의 대응 프로그램을 적용하기 시작했다.

전 세계적으로 1만9천 명의 근로자들이 있는 ‘Capital Cities ABC’는 1984년에 약물 사용에 대한 문제를 이야기하기 시작했다. 또한 전국적으로 약물에 대한 문제들을 해결하기 위한 노력으로 EAP가 등장하였다. 약물이 근로자들과 직장에 영향을 미치는 문제들에서 근로자들을 돕기 위해 만들어졌다. 많은 문제들 중 약물남용이 심각하였으며 많은 사업체들이 EAP 서비스를 제공하기 시작했다.

이에 대해 미국의 ‘국립 기업 약물남용 연구소’의 미첼 월쉬 박사(Dr. J. Michael Walsh)는 “근로자가 약물 남용 문제를 가지고 있다면 바로 치료를 할 수 있도록 EAP 서비스를 제공하는 것이 옳은 방법이다.”고 강조했다.

또한 필라델피아대학교의 제임스 마호니(James Mahoney) 부총장은 “어떤 사람들은 처음에는 EAP 서비스를 근로자들에게 제공하는 것이 그저 옳은 일이기 때문에 제공하지만 시간이 지나면 이것이 바로 경제적으로 유익하다는 것을 알게 된다.”고 말했다.

‘C&P Telephone Companies’의 의장 겸 CEO인 토마스 깁슨(Thomas Gibbons) 역시 “문제에 대응하는 데에 비용 면에서 효과적인 방법이다. 결근을 줄이고 근로자들의 윤리에 도움을 주며 근로자뿐만이 아니라 약물남용으로 일어나는 그들의 가족 내 문제에 대한 서비스도 제공한다.”고 말하며 EAP의 긍정적인 효과를 강조하고 있다.

한편, 이렇게 근로자와 그들의 가족을 돕는 EAP 서비스는 하나의 이상적인 프로그램이 있는 것이 아니다. 사업체, 회사, 조합에 맞는 프로그램들로 재구성되기도 한다. 어떤 프로그램들은 직장 내 EAP 전문가가 있는 경우가 있으며 또 다른 프로그램들은 회사 외부에서 제공된다.

‘Smith Edwards Dunlap Company’의 부사장 조셉 스칼리(Joseph Scalise)는 “근로자들이 없다면 회사는 그저 벽들과 장비들뿐일 것이다. 우리는 잘 훈련된 자신 있는 근로자들이 필요하고 그렇기 때문에 그들이 일을 잘 하는지, 중간 정도 하는지, 잘 못하는지는 항상 회사의 관심사다. 만약 근로자가 약물이나 알코올의 영향 아래 있다면 직장 내에서 사고를 당할 확률이 높아지고 아무 죄 없는 근로자들이 다치게 된다." EAP 서비스의 필요성을 강조한다.

EAP 전문가인 필립 보일(Phillip Boyle)은 "EAP의 어려움 중 하나는 직장 상사들이 근로자의 문제를 직면하게 하는 것이다. 직장은 사람들이 아주 중요하게 생각하는 곳이기 때문에 EAP는 삶의 개입에 있어 아주 중요하다."

약물을 남용하는 대부분의 사람들은 자신들이 문제를 가지고 있다는 사실을 부인한다. 주변 사람들은 알 수도 있지만 그들을 어떻게 도와야 할지 모를 수도 있다. 따라서 조합이나 상사들의 추천은 이런 면에서 근로자가 EAP를 제공받는 데에 아주 중요한 역할을 한다.

2) 건강관리 서비스를 제공하는 EAP

EAP는 근로자들의 소소한 건강관리와 문제들까지 도움을 주며 문제에 대한 해답을 찾을 수 있도록 지원하여 계속 앞으로 나아갈 수 있도록 돕는다. 사실 건강은 근로자에게 있어서 매우 중요하다. 기업의 입장에서 볼 때도 근로자의 건강에 문제가 생겼을 때보다 미리 예방하는 것이 훨씬 유익하다. 그래서 근로자들이 현재 가지고 있는 건강 관련 문제를 해결하는데 도움을 줄 수 있는 면허를 소지한 EAP 전문가들이 상담을 제공하고 있다.

특히 건강이 일과 가정에 영향을 끼치고 가정과 일이 건강에 영향을 끼친다면 EAP가 필요하다. 건강 때문에 업무를 원활하게 수행하지 못하는 일이 발생한다면 직장 상사들이 원하는 유능하고 생산적인 근로자가 될 수 없기 때문이다. 일과 생활의 균형을 이루기 위해서는 건강이 뒷받침되어야 한다. 이렇게 어느 한 쪽의 문제들이 다른 한 쪽에 부정적인 영향을 끼치지 않도록 다루는 것이 EAP이다.

무엇보다도 심리적 건강과 신체적 건강은 분리되어서는 안 된다. 생각과 신체는 함께 기능해야 한다. 우리 사회는 대부분 신체적인 건강에만 집중을 하는 경향이 있다. 그러나 건강한 정신건강은 즐거운 삶을 영위하는 길이며 이는 대부분의 사람들이 원하는 것이다.

최근 건강 문제를 상담할 수 있는 EAP는 웬만한 사업체라면 그 속에 있는 인사팀 홍보 자료들이나 회사 웹사이트 등을 통해 접근할 수 있고, 가장 간단한 방법은 이용 가능한 EAP 사무실에 직접 전화를 하는 것이다.

3) 비밀이 보장된 다양한 무료 서비스를 제공하는 EAP

EAP는 개인들이 가지고 있는 문제들을 해결하고, 일과 생활의 균형을 이루도록 도우며 직장환경이 안전하고 생산적일 수 있도록 원조한다. 이와 같은 EAP 서비스는 근로자 개인뿐 아니라 가족 구성원들에게도 제공된다.

(1) EAP에서 제공하는 상담 서비스

① 직접 만나서 이루어지는 상담 서비스

각 개인들은 각각의 새로운 문제들에 직면할 때마다 도움을 얻을 수 있도록 EAP 전문가를 직접 만나서 상담을 받을 수 있다. 상담할 수 있는 문제들에는 가족 문제, 대인관계 문제, 직장 스트레스 문제, 긴장 문제, 슬픔의 문제와 같은 우리가 삶 속에서 마주하는 대부분의 문제들이 해당된다. EAP 전문가들은 전국적으로 배치되어있어 근로자들과 그들의 가족이 여행하거나 따로 떨어져 살아도 이 서비스를 이용할 수 있다.

② 온라인 상담 서비스

면허를 소지하고 있는 EAP 전문가들과 손쉽고 안전하게 상담할 수 있는 인터넷을 통한 상담문의 서비스이다. 간단한 질문 또는 아직 상담에 익숙하지 않은 사람들에게 아주 유용하다.

③ 24시간 위기 지원 서비스

개인이나 가족 구성원들이 위기를 경험할 때 언제든지 지원을 요청할 수 있는 전화 서비스이다. EAP 전문가들이 365일 24시간 대기하고 있다.

(2) 직장생활 서비스

직장생활 서비스는 개인이 직장과 일상생활의 균형을 이룰 수 있도록 돕는다. 이 서비스에는 법적 서비스, 재정 서비스, 유서 준비 서비스, 개인적 중재 서비스, 신분 회복 서비스가 있다.

① 법적 서비스

개인에게 무료 전화 또는 대면 상담을 통해 법률적인 정보와 서비스를 제공한다.

② 재정 서비스

부채, 예산, 진학, 은퇴 계획 등 재정과 관련한 전반에 대한 무료 전화상담을 제공한다.

③ 유서 준비 서비스

무료로 제공되는 간단한 서식을 우편으로 받아 필요한 부분들을 기입한 후 제출하면 법적 전문가가 검토하게 된다.

④ 개인적 중재 서비스

개인, 가족 그리고 이혼, 이웃 간의 다툼, 또는 부동산과 같은 직장과 관련되지 않은 이슈들에 대해서도 무료 상담을 받을 수 있다.

⑤ 신분 회복 서비스

사건 후 신원과 신용을 복구하는 회복 과정을 계획하는 데에 대한 지원을 제공한다.

(3) 직장 환경 서비스

EAP는 수퍼바이저와 스텝들을 위해 비밀이 보장된 무료 서비스들을 제공한다. 전화를 통한 수퍼바이저 상담, 직장 내 또는 온라인 교육, 위기 사건 대응, 수퍼바이저를 위한 웹 콘텐츠, 관리자 추천 지원 등이 있다.

4) 미국 캘리포니아 주에서 운영하는 EAP 사례

캘리포니아 주에서는 캘리포니아 주 내에 있는 근로자들을 위해 'Managed Health Network EAP(MHN EAP)'를 제공하고 있다. MHN EAP는 심리학자, 사회복지사, 재무관리사 그리고 변호사와 같은 훈련되고 자격증을 갖고 있는 전문가들이 제공하는 서비스들이다. 이와 같은 MHN EAP는 캘리포니아 주 정부가 부담하고 제공하는 무료 EAP 서비스이며 이 EAP는 주에서 정한 법적 '감사' 아래 있기 때문에 비밀 보장은 특수한 상황이 아닌 이상 반드시 지켜진다. EAP의 수혜자들은 캘리포니아 주에 있는 모든 근로자들과 이들의 법적 부양가족과 미혼 자녀를 포함한다. 만약 자녀들 중 장애가 있는 경우에는 어떤 나이에든지 서비스를 받을 수 있다.

이와 같은 EAP 서비스는 추천을 통해 제공되는데 주로 자기추천, 제안된 자기추천, 공식적인 수퍼바이저 추천을 통해 이루어진다[10]. 추천이 이루어지게 되면 아래와 같이 직업 유형에 따라 다양한 EAP 서비스가 제공된다.

(1) 직업 유형에 따른 서비스 제공

캘리포니아 주에서 운영하는 EAP는 다음과 같은 3가지의 직업 유형에 따른 서비스를 제공한다.

---

10 자기추천은 근로자 자신이 EAP에 자신의 문제에 대한 도움을 얻고자 직접 전화를 하는 것을 의미한다. 그리고 제안된 자기추천은 수퍼바이저나 매니저가 근로자에게 그의 업무에 영향을 미치는 개인적인 문제들에 대해 EAP의 도움을 구할 것을 제안하는 경우이다. 마지막 공식적인 수퍼바이저 추천은 업무능력 향상과 일과 관련된 문제들을 해결하기 위한 경영 방법으로 직원을 추천하고 싶다면 EAP에 공식적인 수퍼바이저 추천 편지를 보내야 한다.

① 첫 번째 수준에 있는 직업유형

관리급, 수퍼바이저 또는 캘리포니아 고속도로 순찰 경관 그리고 소방관들이 포함된다. 이들에게는 각 문제당 7번의 의료 상담 세션이 제공된다.

② 두 번째 수준에 있는 직업유형

언급되지 않은 모든 캘리포니아 고속도로 순찰직을 포함한다. 구체적으로 말하자면 산림방재, 소방방재 공무원, 교도소 위원, 교정직 공무원, 청소년 공무원, 청소년 가해자 가석방 위원회 그리고 이들과 관련을 맺고 있는 회사들이다. 이들에게는 하나의 문제 유형 당 3번의 세션들이 제공되며 근로자와 그들의 가족과 자녀들은 이 3번을 함께 사용하게 된다.

③ 세 번째 수준에 있는 직업유형

나머지 모든 캘리포니아 주의 근로자들이다. 이들에게도 세션 그리고 가족 또는 자녀에게 3번의 세션을 제공한다.

(2) 주요 서비스

한편 임상 서비스 상에서 주로 나타나는 문제 유형은 약물남용, 알코올남용, 결혼문제 또는 가족문제 그리고 감정과 개인적 스트레스이다. 대다수의 근로자들은 임상 상담을 원하지 않는다. 하지만 일상생활 문제들에 대해 작은 도움은 얻을 수 있다. 이러한 욕구들을 충족하기 위해 EAP는 법적 재정 자문과 자녀와 노인부양 자문 등의 일과 생활 관련 서비스들을 제공하고 있다. 이와 같은 모든 EAP 서비스들은 365일 24시간 이용이 가능하다.

① 법적 자문과 중재 상담

EAP의 법적 활동에는 법적 자문과 중재 상담이 있다. 캘리포니아 주 근로자로써 모든 사람은 법적 문제당 30분의 무료 전화상담 또는 대면상담을 할 수 있다.

첫 30분 이후부터는 자문비용의 25% 할인이 적용된 비용을 내야 한다. 특히 재정 자문은 전화상으로 진행되며 세션 당 한 시간씩 배정되지만 세션의 수에는 제한이 없다. 이 세션들에서는 재정 상황을 알아보고, 개인의 예산 계획을 세우는 것을 돕고 개인의 경제적 목표들을 세우고 개인파산을 신청하는 것에 대한 이익과 불이익에 대해서도 의논할 수 있다. 이 재정 자문은 MHN과 협약되어 있는 인증된 EAP 전문가들이 담당한다.

② 은퇴 전 상담

주로 전화로 이루어지며 한 세션마다 한 시간을 받을 수 있다. 세션의 수는 제한되어있지 않다. 이 세션들은 현재 근로자의 재정적인 상황과 은퇴 목표들을 살펴볼 수 있는 기회를 제공한다. 재정적인 문제들과 생활방식의 문제들 그리고 근로자 개인의 계획들이 다른 가족 구성원들에게 어떠한 영향을 미칠지에 대해서도 살펴보게 된다. 만약 'Internal Revenue Service'로부터 '감사'를 받고 있는 상태라면 세금 자문가로부터 상담 혜택도 받을 수 있다. 이 상담은 가족 당, 일 년에 30분을 받을 수 있다.

뿐만 아니라 자녀와 노인부양과 관련된 문제들을 위해서는 욕구를 사정하고 사용할 수 있는 지역 내 자원들을 찾아내는 것을 돕는 전화상담을 받을 수 있다.

더욱이 인생의 사건들을 정리하는 것은 제한이 없는 한 시간 전화상담 세션과 목록 패키지를 받는 아주 특별한 서비스이다. 이 패키지는 집에 있는 여권, 보험증권, 출생기록 등과 같은 아주 소중하고 중요한 것들의 목록을 만들어 위급한 상황을 대비할 수 있도록 도움을 준다.

③ CISD 제공

EAP는 'Critical Incident Stress Debriefing(CISD)'도 제공한다. 이것은 근로자들이 위기사건들에 대응할 수 있도록 돕는 현장에서 진행되는 개인 또는 집단 상담서비스이다. 위기사건이란 근로자들에게 '트라우마'를 겪게 하는 직장에서 일어나는 예상치 못한 사건들을 의미한다. CISD는 '트라우마'의 장기적인 영향을 줄이고 남아있는 문제들을 예방하기 위해 만들어졌다.

④ 수퍼바이저들을 위한 EAP

수퍼바이저나 매니저라면 EAP를 사용할 때 근로자들을 관리하는 데에 많은 도움이 된다는 것을 알게 될 것이다. EAP는 경영 상담, 자기추천, 공식 수퍼바이저 추천, 위기 사건 스트레스 보고회 등 여러 경영 서비스들을 제공한다. 근로자들과 관련된 문제들에 대해 EAP는 비밀이 보장된 상담을 한다. EAP에 문의하게 되는 이유들 중에는 근로자의 업무에 관한 문제나 근로자와의 충돌, 약물남용 또는 직장 내 폭력이다.

제2부

EAP 실천 과정과 방법

EAP를 성공적으로 활용하기 위해서는 효과적인 실천 과정과 각 과정에서 필요한 실천 방법 및 기술 등을 개발하여야 한다.* 제2부에서는 EAP의 실천을 크게 준비 단계, 실행 단계, 평가 단계로 구분하여 각 과정에서 이루어지는 실천 방법과 관련 기술들을 정리하였다. 실천 과정에서 EAP 전문가와 근로자는 함께 목적을 향해 협동적인 노력을 하게 된다. 이를 통해 EAP는 근로자의 의미 있는 변화를 이끌어내는 구체적이고 전문적인 실천 활동임을 알 수 있다.

핵심

EAP 전문가는 직장에서 일하는 사람들이 '비전'을 세워서 미래를 향해 나아가도록 돕는다.

* EAP 실천 과정은 노동부·근로복지공단(2010). 『선진기업복지제도 업무매뉴얼』에서 제시한 'EAP 도입 과정'을 참고하여 저자들이 창의적으로 정리한 것임을 밝힌다.

제5장 준비 단계

EAP는 모든 기업들이 의무적으로 수행하는 활동이 아니기 때문에 먼저 기업으로 하여금 EAP를 도입해서 활용하게끔 하는 일부터 구체적으로 해 나가야 한다. 또한 EAP를 근로자들이 적극적으로 이용할 수 있도록 홍보하고 소중한 프로그램이라고 직장 내 모든 구성원들이 인식할 수 있도록 노력해야 한다. 이 모든 일들은 준비 단계에서부터 치밀하게 이루어져야 한다.

1. EAP 도입 결정을 위한 기업의 상황분석 단계

EAP의 성공 여부는 사전에 얼마나 체계적이고 면밀하게 EAP를 계획하고 준비했는가에 따라 결정될 수 있다. 왜냐하면 앞서도 언급한 바와 같이 EAP는 학교나 학원처럼 서비스이용자들을 이미 확보해 놓은 상태에서 교육·훈련·상담 등의 프로그램을 진행하는 것이 아니라 서비스이용자를 연결하는 과정까지 포함해야 하기 때문이다. 즉 EAP는 첫 면담이 이루어지기 전에, 먼저 서비스이용자가 EAP 전문가를 찾아오기 이전까지의 활동을 EAP 실천의 범위에 포함하고 있다. 그래서 EAP는 서비스이용자를 효과적으로 연결하는 일과 EAP 실천을 성공적으로 수행하기 위한 여러 가지 사항들을 치밀하게 준비하는 일에 만전을 기해야 한다.

그러므로 기업에서는 EAP를 실시하기 전에 예상되는 서비스이용자들을 파악해야 하며 동시에 사업장 내 현재의 문제 상황을 조직 내부와 더불어 외부 환경에 관한 정보까지 포괄하여 수집해야 한다. 그리고는 이를 세밀하게 종합적으로 분석한 후, 도입하고자 하는 EAP의 전략과 구조를 설계하는 것이 필요하다(노동부·근로복지공단, 2010).

즉, EAP 실천을 성공적으로 수행하기 위해서 가장 우선적으로 중요한 것이 있다면 바로 직장 상황을 있는 그대로 파악하는 '기업의 상황분석 단계'를 얼마나 정확하게 거치는가이다. 이를 토대로 하여 구체적인 EAP 실천 계획이 수립되고 효과적인 실행이 이루어지는 것이다. 기업의 상황분석 단계가 진행되는 절차는 다음과 같은 임무들을 완수함으로써 가능하다. 한편 아래와 같은 임무들을 기업에서 먼저 하고 EAP 수행 기관에 맡겨서 서비스 실천을 할 수도 있으며 첫 번째 임무인 EAP 수행 기관을 찾는 일이 끝난 후 바로 그 다음의 단계들을 EAP 수행 기관이 전부 서비스로 맡아서 진행해 나갈 수도 있다.

1) 첫 번째 임무 : EAP 수행 기관 찾기

EAP를 준비할 때, 가장 먼저 해야 할 일은 직장 및 직장에 근무하는 사람들의 문제와 어려움을 파악하는 데에 집중해야 한다. 이를 위해서는 무엇보다도 기업에서 원하는 EAP를 성공적으로 완수할 수 있는 유능한 전문가가 확보되어 있는 EAP 수행 기관을 찾는 것도 중요하다. 필요하면 EAP 수행 기관을 구체적으로 살펴보아야 한다.

여기에서 필요한 질문의 내용은 "귀하의 기관에서는 어떤 유형의 EAP를 하고 있나요?" "귀하가 저희 회사를 위해 어떻게 EAP를 실천할 수 있겠습니까?" "귀하가 EAP를 할 때, 어떤 자격으로 합니까?" 그리고 "귀하의 회사에서 어떤 어려움이 가장 시급한가요?" 등으로 요약될 수 있다.

이러한 조사와 파악을 통해서 기존의 EAP와 새롭게 실행하고자 계획 중인 EAP 간의 차이를 찾을 수 있으며 계획의 현실성을 담보하는 타당성을 파악할 수 있다. 효과적인 EAP는 현재의 직장 상황과 개입 대상이 되는 근로자의 어려움을 얼마나 정확하게 알고 있느냐에 따라 결정된다.

2) 두 번째 임무 : 자료 분석과 문제 판별

직장 내에서 발생하는 문제들의 요인이 되는 여러 자료를 분석하고 구체적으로 문제를 판별하는 일은 시간이 많이 걸리며 어떤 기업이라도 감당하기 어려운 많은 문제들을 노출시킨다. 그래서 직장 문제들을 나열하거나 그 문제들의 우선순위를 매기는 일은 고통스러울 수 있다. 똑같이 절박한 어려움 중에서 선택을 해야 할 경우가 흔하기 때문이다. 그럼에도 내부 분석과 외부 분석 등을 통해 직장과 근로자의 문제를 구체적으로 파악해야 할 필요가 있다.

(1) 내부 분석

기업 내부에는 EAP를 도입해야 하는 중요한 요인들이 있다. 예를 들면 출근율, 문제행동 발생률, 산업재해 발생률, 건강검진 등을 들 수 있다. 때때로 이러한 요인들은 쉽게 간과될 때가 많다. 하지만 EAP는 내부 분석을 충실하게 실시해야 한다. 그렇게 해야만 EAP를 실행하기 위한 구체적인 목표를 수립할 수 있고 이를 바탕으로 EAP 도입 여부를 결정할 수 있다.

노동부와 근로복지공단(2010)에 의하면 EAP 도입을 위한 내부 분석을 실시할 때 근로자의 다음 행동을 파악하면 도움이 된다고 한다.

- 휴일 다음날의 출근율은 평일 평균 출근율과 어떻게 다른가?
- 얼마나 많은 근로자들이 병가를 초과하여 사용하는가?
- 지난 수년간 출근율의 패턴은 어떻게 변하고 있는가? 결근율이 갑자기 증가한 적이 있는가?
- 지난해 문제행동으로 해고된 근로자는 몇 명인가?
- 지난해 근로자 문제의 직·간접적인 결과로 인해 해고된 근로자는 몇 명인가?
- 사업장내 산재 발생률이 해당 산업별 사고 발생률 및 우리나라 전체 산업 사고 발생률 평균과 비교하여 어떠한가?
- 최근 신체질환을 가진 근로자가 증가하고 있는가?

그러나 각종 통계 자료에 의해 드러나지 않는 정보를 관리자의 눈으로 식별할 수 있는 경우가 있고 직원들을 가장 가까이에서 관찰할 수 있는 관리자의 눈이야말로 새로운 정보의 제공 처임을 알고 관리자들이 근로자들을 면밀하게 관찰하는 것이 필요하다.

(2) 외부 분석

외부 분석은 조직 외부에 존재하는 각종 정보를 수집하여 이를 조직 내부의 상황과 비교 분석하여 EAP 도입 및 운영에 참고자료로 삼는 것이다. 이때 기업에서 분석해야 하는 정보는 전국단위와 지역단위 정보가 있다. 특히 정부 및 정부산하기관, 국책 및 민간 연구소, 전국 단위의 협회 등을 이용해서 수집할 수 있는 외부 조사기관에서 제공하는 전국단위의 자료에는 전국 사업장의 산업재해 발생률이나 약물중독 근로자 비율, 직장폭력 발생률, 알코올남용 예방프로그램 전국 평균 비용 등이 있는데 바로 이와 같은 정보들이 소중한 자료가 될 수 있다(노동부·근로복지공단, 2010).

〈표 5-1〉 **내부 분석과 외부 분석 비교**

<table>
<tr><td>내부 분석 : 기업내부에서 EAP를 도입해야 하는 중요한 요인들을 파악하고자하는 목적임</td><td>외부 분석 : 조직외부에 존재하는 정보를 수집해 조직내부 정보와 비교하여 참고자료로 삼기 위한 목적임</td></tr>
<tr><td>1. 출근율</td><td rowspan="3">전국단위 정보 : 공신력 있는 조사기관에서 제공하는 전국단위의 자료들
예) 산재발생률, 직장폭력 발생률 등</td></tr>
<tr><td>2. 개인행동</td></tr>
<tr><td>3. 산업재해 및 사망</td></tr>
<tr><td>4. 건강검진</td><td rowspan="3">지역단위 정보 : 사업장이 위치한 지역이나 근거리에 위치한 지역에 관한 정보</td></tr>
<tr><td>5. 관리자(상사)의 관찰</td></tr>
<tr><td>6. 근로자 대상 설문조사</td></tr>
</table>

출처 : 노동부·근로복지공단(2010). 『선진기업복지제도 업무매뉴얼』. p. 293.

3) 세 번째 임무 : 실현 가능한 EAP 도입 모색

이상에서 분석된 직장 및 근로자의 문제에 대하여 어떤 EAP로 대응할 수 있는지에 대한 가능성이 주의 깊게 모색되어야 한다. 그 문제가 EAP의 사명으로 정하고 있는 영역에 속해 있는가? 얼마의 경비가 들 것인가? EAP에 대해 근로자들이 자신들의 시간과 재원을 들여가며 응하여 주겠는가? 등의 질문이 진지하게 제기될 수 있다.

4) 네 번째 임무 : 서비스이용자 예측과 예약

신규 서비스이용자를 위해 조사연구는 소요시간이 짧아야 효과적이고, 예약은 하루 안에서 이루어져야 하며, EAP를 수행하는 EAP 전문가는 서비스이용자와 직접 바로 접촉해야 한다. 또한 EAP를 수행하는 EAP 전문가는 서비스이용자의 유입을 위해 초기접촉을 위한 시간약속과 방문계획을 수립하는 것이 필요하다. 그러면서 동시에 EAP에 대한 필요성과 전반적인 프로그램 개요 등을 적극적으로 홍보하여 서비스이용자가 자신의 문제를 갖고 서비스 의뢰를 할 수 있도록 할 필요가 있다.

2. EAP 전략에 대한 결정 및 EAP 마케팅과 홍보 단계

여기에서는 EAP 전략에 대한 결정을 실제적으로 수행하는 단계에서 나타나는 여러 가지 사항들과 동시에 EAP 마케팅과 홍보에 대해 구체적으로 정리하여 설명하고자 한다.

1) EAP 전략에 대한 결정

(1) 기본적인 EAP 전략

EAP는 근로자들이 그들의 목표를 달성할 수 있도록 도와주는 매우 중요한 활동이다. 근로자들이 꿈꾸고 염원하는 것은 직장에서 행복하게 일하며 지내는 것이다. 결국 이는 직장 내에서의 원활한 '소통'이 전제되어야 한다. 그래서 실제로 많은 경우 EAP의 핵심은 관계에 초점을 맞추는 것이다. EAP란 건강하지 않고 실패한 또는 깨어진 관계를 극복한 후에 우리 삶을 어지럽히고 더럽힌 정신적 찌꺼기를 깨끗이 걷어내기 위한 관계 회복 활동임과 동시에 그러한 문제 있는 관계들을 사전에 예방하게끔 지원하는 활동이다.

인간이 된다는 것은 다른 사람과 연결되는 것이다. 한 개인이 혼자 사는 은둔자가 아닌 한, 한 개인은 다른 인간에게 둘러싸여 살고 있다. 더욱이 성인이 되면 대부분의 시간을 직장에서 보내게 된다. 그래서 직장 내의 좋은 인간관계는 동료애를 형성하고, 동료를 격려하며, 동료를 이끌고, 업무에 대한 동기를 부여하며, 성공적으로 성과를 산출할 수 있다. 직장 내 좋은 관계는 근로자를 회복시킬 수도 있고, 근로자에게 긍정적인 자극을 주며, 건강한 상호 책임 관계를 맺게 해주고, 근로자 자신을 더 잘 이해할 수 있도록 만들어 준다.

이와 같은 EAP를 실천하기 위한 EAP의 기본 전략은 크게 '예방'과 '개입'으로 나누어 설명할 수 있는데 이러한 전략은 직장 내 근로자의 문제를 궁극적으로 해결하기 위해 고안된 EAP의 핵심요소이다. 특히 근로자의 소통되지 못하는 인간관계와 다양한 문제행동으로 인한 비용 지출을 피하기 위해서는 무엇보다도 예방 전략이 요구되며, 동시에 비용 억제를 위해서는 시기적절하며 효과적인 개입 전략이 사용된다(노동부·근로복지공단, 2010).

(2) EAP 전략을 결정하기 위해 고려해야 할 사항

기업의 성과를 저해하는 문제들의 원인을 찾아 최소화하고, 문제를 가진 근로자에게 포괄적인 서비스를 제공하기 위해서는 EAP 전략을 결정하기 위해 고려해야 할 사항에 대한 점검이 필요하다. 물론 기업의 상황과 특정 욕구에 따라 그 결정은 상이하나 EAP의 가장 중요한 두 기능, 즉 예방과 개입이 서로 조화를 이룰 때 가장 이상적인 EAP라고 할 수 있다. 이와 같은 두 가지 기능을 효과적으로 담보해 낼 수 있는 EAP 전략을 결정하는 데에 도움이 되는 EAP의 가치와 그에 따른 EAP 실천방향, 실천목표, 역할과 책임성 등을 정리해 보면 다음과 같다(노동부·근로복지공단, 2010).

① EAP의 가치

EAP의 가치는 짧으면서도 중요한 메시지를 담을 수 있도록 기술해야 하며 일반적으로 아래와 같은 내용들이 포함된다.

- 모든 근로자는 그들의 삶 속에서 다양한 문제에 직면하지만 어디에서 해결해야 하는지 알지 못하는 경우가 대부분이다.
- EAP는 사람들이 겪고 있는 광범위한 문제(결혼, 가족문제, 경제적 및 업무와 관련된 문제, 알코올이나 약물 중독으로 인한 정서적 고통이나 문제 등)를 해결한다.
- EAP는 엄격히 비밀을 보장하고 도움을 제공하지만, 정보를 모으거나 처벌하려는 목적은 아니다.

- EAP는 근로자와 그 가족의 삶의 질을 높이기 위한 것이나 궁극적으로는 업무성과를 높여 회사의 이익에 공헌되게끔 하여야 한다.

② EAP의 실천방향

EAP의 실천방향은 위에서 언급된 EAP 가치에 부합되어야 하며, 다음의 예를 참고하여 구체적으로 기술하도록 한다.

- 이 서비스는 개인 문제로 어려움을 겪으면서 도움을 찾고 있는 근로자와 그의 가족들을 돕기 위해 설계되었다.
- 근로자를 지원하는 모든 과정의 개인 정보는 해당 근로자의 동의 없이 다른 사람이나 회사에 공개되지 않는다.
- 근로자는 자기의뢰나 동료에 의한 의뢰, 관리자에 의한 의뢰를 통해서 프로그램에 접근한다.
- 관리자에 의한 제안이나 강제적 의뢰에 의한 경우 근로자의 성과 부분에 대한 개입은 임의 절차에 해당한다.
- EAP 실천의 전반적인 운영은 근로자와 경영진 대표로 구성된 위원회의 책임이며, 이것은 EAP가 단지 문제가 있는 근로자만을 위한 것이 아니라 모든 근로자를 위한 것임을 증명하는 것이다.
- 의뢰서비스 협력기관의 전문가는 회사나 노조, 대상 근로자 등에 대해 중립적인 위치를 유지해야 한다.
- 직접 서비스를 제공하는 전문가는 EAP 설계과정에 참여해야 하고 서비스 제공에 책임을 져야 하며, 이러한 대표들은 위원회와 그 위원들의 결정에 영향력을 행사해서는 안 된다. 또한 전문가로서의 윤리를 지켜야 하며 해당 기관의 규정과 의무 등을 위반해서도 안 된다.

③ EAP 실천의 목표

다음의 예에서 볼 수 있듯이 EAP 실천의 목표는 단순명료하고 양적인 측정이 가능하도록 기술하는 것이 바람직하다. 즉 EAP 실천의 목표를 기술할 때, 서비스 대상 근로자 수나 목표 완수일 등 구체적인 숫자나 날짜를 삽입해야 향후 EAP 실천의 성과를 평가하기 좋다.

- 개인생활 문제나 업무관련 문제를 가지고 있는 근로자와 그 가족을 돕기 위해 비밀이 보장된 상담 서비스를 제공한다.
- 사업장 내 모든 근로자에게 교육훈련과 오리엔테이션을 시행한다.
- 근로자에게 프로그램에 대해 알리고 이를 실제로 이용할 수 있도록 종합적인 홍보방안을 수립한다.

④ 역할과 책임성

EAP 실천의 구성 요소를 확인하고, 구성 요소들 간의 역할과 관계에 대해 기술한다. 주요 구성 요소로는 운영위원회, 훈련가, 상담가, 조정자, 노동조합, 보건의료 전문가, 근로자 등을 들 수 있다(노동부·근로복지공단, 2010). 이들은 통상 EAP 전문가로 명명되지만 여기에서는 그 역할과 책임성을 분명히 제시하기 위해 각각의 명칭을 그대로 살려서 설명한다. 그리고 이러한 각각의 역할들은 EAP 전문가들이 통상적으로 감당하는 일들이다. 그러면서도 분명하게 강조하고 싶은 것은 EAP 전문가의 역할 모델은 이상의 여러 가지 역할들이 있음에도 다음의 두 가지 역할이 가장 핵심임을 주장하고자 한다.

즉, 직접서비스를 대변하는 상담자 모델(counselor model) 역할과 간접서비스를 제공하는 조정자 모델(coordinator model) 역할을 동시에 수행할 수 있어야 한다는 것이다. 이 두 역할은 EAP의 전 과정 동안에 근로자에게 서비스를 제공하는데 있어 필수적인 것이다. 예를 들면, 일반 상담자는 단지 개인적인 심리적응 문제만을 다루는데 반하여 EAP 전문가는 일반 상담자 역할뿐만 아니라 서비스이용자인 근로자가 갖고 있는 심리사회, 환경, 문화, 경제(재정), 정신적 문제 등을 효과적으로 조정하는 역할까지 감당하게 된다.

가. 운영위원회

운영위원회는 전문가들과 협력해서 프로그램을 기획하고, 프로그램 수행 이후에는 전체 프로그램 관리에 대한 책임을 가지며, 정책의 수준을 결정하고 EAP 전문가에게 통계자료와 결과보고서를 받되, 서비스이용자의 비밀이 유지되어야 한다. 운영위원회는 교육훈련과 오리엔테이션 전문가와 협력하여 프로그램에 대한 지휘권을 갖게 된다.

나. 교육훈련 담당자

교육훈련 담당자는 EAP 전문가 및 운영위원회와 협력하여 서비스의 구성과 이용법을 근로자에게 주지시키며, 본 업무는 프로그램이 수행된 이후에 제공될 수 있다. 이외에도 교육훈련 담당자는 스트레스 관리, 직장·가정 양립 등 근로자가 관심을 갖는 여러 분야에 대한 세미나도 진행한다. 이러한 교육훈련을 통해 EAP는 미래의 근로자들을 유능한 직장인으로 세울 수 있는 모델이 될 것이다.

교육과 훈련을 담당하는 EAP 전문가는 섬기고 가르치고 멘토링하고, 자신의 능력을 근로자들에게 부여한다. EAP를 기반으로 하는 교육과 훈련을 통해서 직장에서 필요로 하는 리더십이 학습될 수 있으며 탁월한 EAP 전문가들은 근로자들로 하여금 학습이 더 잘 이루어지도록 촉진한다.

다. 상담가

프로그램 내에서 심리사회적 문제에 대해 광범위한 서비스를 제공한다. EAP 전문가는 사내와 사외에 대한 특별한 구별이 없이 활동해야 하고, 특히 상담기록 내용과 파일은 회사에 대해 비밀을 유지해야 한다. 기타 업무로는 교육훈련 담당자와 함께 교육훈련이나 오리엔테이션 프로그램을 준비하는 것이다. 이렇게 상담을 통해 근로자들이 자신의 진정한 모습을 명료화하고 사물을 꿰뚫어보며 진정한 자신이 되도록 도와주는 것이 EAP 전문가가 할 일이다.

다음의 'Tip'은 상담가로서의 역할을 책임 있게 수행해야 하는 EAP 전문가가 왜 필요한지를 분명하게 보여준다.

〈가상으로 설정한 사례〉

명수는 컴퓨터 부품을 생산하는 대기업에서 일하는 엔지니어이다. 그는 수입이 매우 좋은 직장에 다니고 있다. 그는 몇 차례 승진을 했고 장래가 밝아 보인다. 38세인 명수와 그의 가족은 성공적이고 상향 지향적인 전문직 종사자들이 모여 살고 있는 매력적인 교외 지역에서 안락한 가정을 꾸리고 있다. 하지만 명수는 비참하다. 그에게 여가 시간은 없다. 그는 일찍 일어나 간단히 조깅을 하고는 서둘러 직장으로 달려가 쉴 새 없이 움직인다. 그나마 집에서 저녁 식사를 하는 것이 바쁜 일정에서 휴식을 취하는 유일한 시간이다. 그에게는 혼자 있는 시간도, 긴장을 풀 수 있는 시간도 없다. 명수와 그의 아내는 둘 다 삶의 암울한 무게를 느끼고 있지만 탈출구를 찾지 못하고 있다.

당연히 앞서 제목에서 밝힌 것처럼 명수는 만들어 낸 인물이다. 명수는 실존 인물이 아니다. 하지만 그는 존재한다. 명수가 자신의 이야기라고 생각할 만한 사람이 많을 것이기 때문이다. 그들은 모두 명수와 같은 생활을 하고 있다. 조심하지 않으면 언제든 명수와 같은 삶을 살 수 있다.

이 세상의 명수 같은 사람 대부분에게 필요한 것은 일반적인 상담이 아니다. 물론 왜 그들이 그렇게 쫓기는 삶을 살아야 하는지를 이해하는 데 상담이 상당한 도움이 될 수는 있겠지만 상담만을 가지고는 문제해결을 하기란 어렵다고 본다. 명수와 같은 사람들에게 필요한 것은 상담과 동시에 그들의 생활과 경력을 관리하도록 도와주는 것이다. 정신없이 달려가며 시간에 굶주린 그들의 삶을 어떻게 통제할 수 있는지 EAP 전문가가 다 말해 줄 수는 없지만 EAP 전문가는 그들을 도와 올바른 결정을 내리고, 생활 스타일을 평가하고, 삶에 새로운 경계선을 긋고, 더불어 살아야 할 사람들과 다시 관계를 맺으며 소망을 회복하도록 할 수는 있다. 오늘날 우리 직장 상황 속에서 이보다 더 필요한 서비스는 없다고 생각한다.

라. 조정자

EAP 전문가는 직장에서 생활하는 근로자들이 성장하도록 돕는다. 그들은 근로자들이 현재 상태를 뛰어넘어 미래에 어떤 존재가 될 수 있는지를 다양한 자원을 연계하여 눈으로 보도록 도와준다. 바로 여기에서 EAP 전문가는 탁월한 조정자이다. 조정자는 프로그램을 지원하고 근로자에게 필요한 정보를 제공하며, 동시에 근로자의 업무 성과를 확인하고 문제를 확인하는 역할을 하면서 구체적인 자원연계와 조정을 하게 된다.

특히 EAP 전문가는 서비스이용자인 근로자의 문제를 해결하는 데에 도움이 될 수 있는 관련 전문가(사회복지사, 의사, 치료사, 특수교사, 임상심리사, 다른 EAP 전문가 등), 자원봉사자, 가족, CEO 등과 협력하여 서비스 목표 및 과정상의 문제 등을 파악하고, 평가회의를 통하여 종합적인 EAP 서비스 계획을 수립하여 서비스 사례와 직접 관련된 전문기능이 통합될 수 있도록 조정·지원한다. 기타 업무로는 근로자에게 제공되는 의뢰서비스 과정에서 비밀 유지와 근로자의 업무수행에 협력하는 것이다.

마. 노동조합

노동조합의 대표는 프로그램 기획 과정에 참여하고 노조원들의 프로그램 참여를 돕게 된다. 사업장 내에서는 노조원과 상의하고 관리자와 협력하여 근로자가 EAP의 내용과 절차에 대해 긍정적인 인식을 갖고 문제를 빨리 해결할 수 있도록 돕는다.

바. 보건의료 전문가

회사 내 보건의료 전문가들은 회사의 특별한 요구에 협력한다. 다양한 문제를 가진 근로자에 대해 비밀을 보장하고 통합적인 서비스를 제공한다. 보건의료 부서는 EAP의 일반적인 내용 속에서 운용되어야 하며, 보건의료 부서에 대한 만족도가 낮은 기업에서는 EAP의 기능과 분리하여 운영하는 것이 바람직하다.

사. 근로자

근로자는 문제가 발생한 경우 도움을 구하고 자발적으로 프로그램에 참여할 책임을 갖는다. 서비스 내에서는 적극적으로 참여하여 EAP 전문가와 협력한다. EAP 이후에도 근로자의 업무 성과가 향상되지 않을 경우에는 인사담당자나 부서장, 노조와 협력하여 보건의료 및 사회복지서비스가 필요한지에 대해 논의하고, 근로자가 동의할 경우 해당 서비스가 제공된다. 특히 이 모든 과정을 기록한 문서 및 관련 자료는 근로자의 동의 없이 타인에게 제공될 수 없다.

2) EAP 마케팅 및 홍보 단계

EAP 마케팅과 홍보를 하기 위해서는 먼저 EAP를 어떤 조직 구조에서 제공할 것인지를 결정해야 한다(노동부·근로복지공단, 2010). 이는 달리 말하면 EAP의 유형을 정해야 한다는 것이다. EAP를 어떤 조직 구조에서 근로자에게 제공하는가를 결정해야지만 그에 따라 적극적인 마케팅과 홍보 활동을 할 수 있게 된다.

(1) EAP 제공 조직 결정

EAP를 제공하는 조직 구조를 결정하는 데에는 EAP를 조직 내에 배치할 것인지, 아니면 연계기관을 통해 EAP를 할 것인지 등과 같은 여러 가지 가능성들을 고려해야 한다.

우선 조직 내부에 EAP 부서를 설립하여 관련 서비스를 제공하는 구조가 바람직할지, 아니면 EAP 전문 업체와의 계약을 통해 조직 외부에서 서비스를 제공하는 것이 효과적일지를 결정한다. 이것은 조직의 특성에 잘 부합되어야 하는데 대기업일수록 조직 내부에 EAP 제공기관을 자체적으로 설립하는 비율이 높고, 작은 조직일수록 지역사회 등 외부 자원을 활용하는 방향으로 결정하는 경향이 있다. 결정하기 어려울 때는 일정 기간 두 가지 모델을 병행해보는 것도 좋다. 단, EAP를 조직 내부에 설치하는 경우 EAP를 어느 부서에 두어야 할지를 결정해야 한다. 예를 들면 EAP를 인사관리 부서나 보건관리 부서 아래에 두는 방안이나 새롭게 단독 부서로서 신설하는 방안이 논의될 수 있다. 그 후 연계서비스를 제공할 외부 기관들을 찾아 명단을 만들고, 각각의 특성과 업무능력, 사회적 평판과 지리적 위치, 접근성 등을 면밀히 파악하여 향후 EAP가 정식으로 도입되면 이를 근거로 외부기관과의 제휴를 모색하게 된다.

특히 연계는 모든 EAP를 수행하는 EAP 전문가가 일상적으로 반복하는 업무이다. 연계서비스를 개발하기 위해서는 공식적 지지(support)와 비공식적 지지가 협력체계로서 고려되어야만 한다.

먼저 공식적 연계는 다음과 같은 활동을 포함한다. 즉, 서비스 욕구를 명확히 하기, 기업에 근로자의 욕구를 세심하게 맞추기, 초기 전화접촉, 서비스이용자의 오리엔테이션, 문서준비, 기업 방문 등이다.

보다 효과적인 연계는 활동적이고 촉진적인 것이다. EAP를 수행하는 EAP 전문가는 생산적인 관계를 촉진하기 위해 구체적이고 정서적인 지지를 제공하기 원한다. 연계는 서비스 관계를 효과적으로 활용하기 위해 조직적 기술(누구와 연결시키고, 어떤 수준인지)의 사용과 사회제도 인식 기술(새로운 서비스가 개발되는 것에 대한 지식, 입법기관의 정책이 적용되는 것에 대한 지식, 이용 가능한 기금에 대한 지식) 등을 필요로 한다.

다음으로 비공식적 연계는 자연적인 원조관계망 범위를 정하는 것이다. 가족원은 중요하지만 가족이 부담을 견딜 수 있는지, 그들이 돕고자 하는 마음이 있는지를 먼저 파악해 보아야 한다. EAP를 수행하는 EAP 전문가는 필요한 지도훈련을 제공하고, 비공식적인 지지역할을 이행시키며, 자연적인 원조를 위해 필요한 EAP를 제공하는 시간을 구조화해야 한다. 이러한 연계는 친구, 이웃, 지역사회로 확대된다.

(2) EAP 마케팅과 홍보 단계

EAP를 효과적으로 수행하기 위해서는 서비스를 받고자 하는 근로자들이 있어야 한다. 그러므로 직장 내 다양한 조직 구성원들에 대한 전략적인 마케팅이 필요하고, 성공적인 EAP를 담보하기 위해서는 EAP 사업과 서비스에 대한 지속적인 홍보가 요구된다(노동부·근로복지공단, 2010).

① EAP 마케팅 기획

마케팅 기획은 효과적인 EAP를 마케팅 하는데 있어서 가장 중요한 기준이다. 사실 EAP 마케팅은 대상 조직에 대한 차별화된 분석을 바탕으로 목적 달성을 위한 명확한 개입전략을 수립하고, 지속적인 모니터링과 평가활동을 수행하는 것이다. 이러한 마케팅을 효과적으로 기획하기 위해서는 4가지 구성요소가 필요하다. 첫째, 조직의 목적을 명확하게 반영할 수 있는 사명(mission)이 필요하고 둘째, 폭넓고 일반화된 목적이 필요하며 셋째, 측정가능하고 구체적이며 달성 가능한 방법까지 제시할 수 있는 목표가 요구될 뿐만 아니라, 끝으로 이러한 목표를 성취하기 위한 프로그램 전략을 수반해야 한다.

더욱이 마케팅 기획 운영에 있어서는 마케팅 기획을 수행할 수 있도록 조직의 참여도를 극대화하는 관리 기술이 필요하다. 이러한 관리 기술 가운데에서 단연 필요한 것은 조정 기능을 최대화하는 기술이다. 무엇보다도 직장 내 다양한 조직 상호 간 조정 기능은 공식적 정책을 통하거나 조직 상호 간의 비공식적 동의에 의한 연계기능을 촉진하기 위해 조직 상호 간의 관계를 수립하는 것이다. 조직 상호 간의 조정은 서비스이용자인 근로자와 EAP 서비스 체계 간의 성공적인 연계를 조장하는 수단으로 조직 상호 간에 상호의존적이고, 의미 있는 교환을 요구하고 있다. 이렇게 조직 상호 간의 조정 활동은 서비스이용자인 근로자에 대한 정보의 공유, 상호의뢰, 시설의 공유, 직원의 교류 등과 같은 성공적인 연계를 조성하는 방법으로 이는 조직 상호 간에 의미 있는 변화를 가져오게끔 한다.

특히 구성원 간의 합의를 거쳐서 EAP를 기업운영의 우선순위로 놓고, EAP에 대한 책임감과 주인의식을 이끌어내야 한다. 경영분야에서는 이미 일반화된 〈SWOT분석－기업을 둘러싼 환경을 강점과 약점, 기회와 위협요인으로 분석하고 이를 근거로 마케팅 전략을 수립하는 기법〉을 적용하여 조직의 강점과 약점을 분석하는 것도 마케팅 기획에 도움을 준다. 또한 마케팅은 분기별로 재평가가 필요하며, 목표 달성의 가능성에 따라 유연하게 전략을 수정한다.

② 외부 마케팅

외부 마케팅은 마케팅의 대상을 명확히 규정하고, EAP의 도입과 실행을 결정할 수 있는 경영층에 대한 접근을 의미하지만 최종적으로는 EAP를 도입하도록 결정(계약)을 이끌어내는 것일 것이다. 결국 기업에서 EAP를 도입하기로 결정하는 순간 외부 마케팅은 종료된다.

③ 마케팅 대상

조직마다 역동성이나 특성이 다르기 때문에 어떤 조직이 EAP 마케팅의 대상이 되는가에 따라 최종 결정(계약)에 이르는 시간과 노력은 매우 상이하다.

④ 의사결정권자

조직의 의사결정권자는 EAP 설립을 승인 및 지원해 줄 수 있는 중요한 위치에 있기 때문에, 이들과의 만남은 EAP 설립과 발전에 있어서 매우 중요하다. 이때 최고경영자를 대면하는 컨설턴트의 역할을 수행하는 EAP 전문가는 지역사회 내 다양한 집단과 네트워크를 가진 동시에 EAP 전문가 단체 등에서 리더십을 발휘할 수 있는 사람이 적임이다.

⑤ 성공적인 마케팅

성공적인 EAP 마케팅을 위해서는 다양한 측면을 고려해야 한다. 먼저 EAP 제안서 상에 대상 기업이 EAP 도입에 관심을 가지게 된 주요 동기가 구체적으로 드러나 있어야 한다. 물론 제안서를 잘 준비하기 위해서는 사전 조사 및 공식·비공식적 모임의 참여를 활용해서 대상 기업 및 근로자에 대해 먼저 이해해야 한다. 따라서 기업 내 다양한 집단들과의 관계 형성 및 발전에 많은 시간과 에너지가 투자되어야 할 것이다.

특히 EAP 계약을 좌우하는 결정적인 요인은 기업의 재정 상태와 밀접한 연관이 있으므로 EAP 계획을 주의 깊게 평가한 후, 서비스의 질과 내용, 동원 가능한 자원과 산출된 가격을 비교한다. 성공적인 EAP 마케팅에 있어서 그 핵심은 EAP에 드는 비용과 지출을 정당화하는 기대성과로 EAP 도입비용보다 기대성과가 클수록 마케팅의 성공률은 높아질 것이다.

컨설턴트 역할을 수행하는 EAP 전문가는 합리적인 비용 지출을 활용해서 조직의 어떠한 문제를 얼마나 경감하고, 어떠한 인도주의적 성과를 가져올 수 있으며, 또 실용적인 이익을 얼마나 가져다 줄 수 있는지 충분히 보여줄 준비가 되어 있어야 한다.

마지막으로는 서비스를 〈패키지화〉하는 것이 필요하다. EAP 마케팅의 대상으로 삼고 있는 기업은 그 규모와 생산품, 인사관리 스타일, 조직 문화, 근로자 복지에 대한 철학이 모두 상이하다. 따라서 기업마다 특화된 패키지를 준비해야 하며, 그 패키지에 포함된 서비스 메뉴도 개입 서비스의 양과 질, 교육과 훈련의 양과 질, 가격 등을 모두 고려해 다양한 조합을 준비해야 한다. 예컨대 '기본형' '실속형' '고급형' 등 다양한 메뉴판을 만들어 내 놓아야만 그 중에 하나가 선택될 확률이 높아진다.

⑥ EAP 마케팅 컨설턴트

성공적인 마케팅 컨설턴트는 EAP에 관한 체계적인 교육 과정을 수료하고 전문적인 기술과 경험을 지닌 사람이어야 한다. 동시에 사업적 이익을 이해하고 이를 적절히 조화시킬 수 있어야 하며, 다양한 창조적인 작업을 수행할 수 있어야 한다.

특히 성공적인 EAP 컨설턴트가 되기 위해서는 상품(휴먼서비스)을 사업적 언어로 변환시켜서 설명할 수 있는 능력이 필요하다. 실제 EAP 현장에서는 근로자의 문제 해결을 위해 각종 임상적·행정적 개입 기술이 동원되지만, EAP의 도입 여부를 결정하는 경영층은 이러한 개입기술에 대한 이해보다는 비용효과성, 효율성, 성장, 이익, 산업재해 발생률, 의사소통과 같은 용어에 더 익숙하다.

유능한 컨설턴트는 임상 및 조직적 이슈에 대한 올바른 이해, 위기중재기술 그리고 근로자 문제를 해석하고 개입하는데 필요한 이론적 준거 등 다양한 지식이 필요하며, 무엇보다도 경험이 중요하다. 또한 자신의 생각을 말과 글로 표현하는 발표력, 협상력과 시장분석력, 조직분석력과 네트워킹 능력도 필요하다.

⑦ EAP 홍보

EAP 마케팅이 성공적으로 수행된 후, 마침내 조직이 EAP를 도입하기로 결정하면, 이제 내부 EAP 마케팅 즉 EAP 홍보에 주력해야 한다. 개별 조직의 특성과 현황에 따라 고유성과 다양성이 담보된 홍보 전략이 필요하며, 특히 조직과 근로자의 욕구 변화에 민감하게 대응할 수 있는 전략이 유효하다(노동부·근로복지공단, 2010).

가. 조직 내 홍보

조직이 EAP를 도입하기로 최종 결정을 하였다면, 이제 내부 마케팅을 준비해야 한다. 내부 마케팅이란 조직 내 EAP 대상 근로자들이 EAP를 잘 이용할 수 있도록 돕는 일련의 과정을 말한다. 조직 내부에서 EAP에 대한 홍보가 부족하여 EAP 이용률이 떨어지거나 서비스에 대한 불만족이 빈번하게 보고되면 EAP의 지속성을 담보할 수 없다.

무엇보다도 EAP의 존재와 그 역할을 알리고, 근로자와 그 가족이 언제 어떻게 EAP를 이용할 수 있는지 알리는 것이 중요하다. 이를 위해 각종 홍보책자와 포스터, 사내신문과 E－mail, 웹진 등이 이용될 수 있다. 신입사원 선발 후 오리엔테이션이 있는 경우에는 오리엔테이션 기간에 약 30분간 EAP에 대한 회사의 입장과 간략한 소개, 프로그램 활용방법, 개인정보에 대한 비밀보장 원칙 등을 소개한다. 이때 EAP 관련 정책은 항상 기본적인 인사정책의 하나로서 소개되어져야 하고 오리엔테이션이 없는 경우에는 개별적인 홍보 일정을 세워 진행한다. 관리자에 대해서는 회사 차원에서 이루어지는 정기적인 교육 과정을 활용하여 EAP를 소개하고 관련 교육을 실시한다.

관리자에 대한 교육이 중요한 이유는 그들이 문제가 있는 근로자를 의뢰하는 역할을 담당하기 때문이며, 관리자 교육은 이들에게 새롭게 개발된 EAP 관련 정책이나 절차를 홍보하는 기회이나 관리자 대상의 교육 훈련은 일반적으로 EAP가 회사 내에 알려지고 난 뒤에 실시하는 것이 좋다.

이외에도 사업장내 근로자가 갖는 개별적·집단적 욕구를 주의 깊게 파악하고 이를 체계적으로 대응해 나가려는 노력이 필요하다. 근로자 대상의 설문조사를 실시할 경우, 설문지는 짧은 시간에 쉽게 응답할 수 있고 무기명으로 작성할 수 있도록 준비해야 한다. 이렇듯 고객 근로자 집단에 대해 체계적으로 분석해서 이들의 문제를 정확히 파악하고 실제적인 도움을 제공한다. 아울러 EAP 서비스 과정에서 파악된 중요한 이슈를 경영층과 노동조합에 정확히 전달할 수 있어야 한다. 이 과정에서 EAP가 조직의 건전한 변화에 기여한다는 이미지를 구축하게 된다.

나. 프로그램 장려

모든 근로자와 가족이 쉽게 이해하고 또 편리하게 이용할 수 있는 EAP를 구축하는 것은 성공적인 프로그램을 위한 가장 기본적인 요건이다.

EAP 개시 시점에서 가장 일반적으로 사용되는 홍보 방법은 집으로 홍보물을 발송하는 것이다. 우선 EAP 안내 책자를 이용해서 EAP 서비스의 존재를 알리고, 그 다음으로는 주제별 홍보물(스트레스 관리법, 음주와 흡연을 줄이는 방법, 수험생을 위한 건강관리 등)을 이용해서 근로자와 그 가족에게 유익한 정보를 제공하며, EAP에 대한 인식을 높인다. 홍보물만으로는 문제 해결이 되지 못할 때 EAP를 찾을 수 있도록 그 연결을 촉진할 수 있다.

또 다른 방법으로는 점심시간이나 퇴근시간을 전후하여 정서적인 문제나 건강

관련 이슈를 가지고 일련의 현장 발표를 순차적으로 진행하는 것이다. 이 역시 정보 제공 효과와 함께 유사한 문제를 가진 근로자가 EAP를 이용할 수 있도록 유도하는 자발적 의뢰 효과를 목표로 한다.

다. 조직적인 네트워크

조직 구성원 간 네트워크를 활성화시켜 공식적인 관계로 육성하고, 이를 EAP 참여로 연결시킨다면 EAP의 목표 달성을 위한 조직 내 협력 체계를 공고하게 다질 수 있다. 특히 조직적인 네트워크 구성은 수직적이고 경직된 관료주의 문화를 우회하여 의사소통 경로를 만들고 수평적인 연결 고리를 제공한다. EAP 도입 초기에는 최고경영자나 최고운영책임자, 노동조합 대표의 참여가 매우 중요하고 이후 인사담당자나 관련 근로자들과의 관계가 중요하다. 이를 이용해서 조직 내부에서 다양한 지원 체계를 구축할 수 있으나 이 과정에서 주의할 점은 여러 구성원들 사이에서 균형을 유지하는 일이다.

EAP에 대한 열렬한 지지자도 있을 수 있지만, EAP 도입을 적극적으로 반대하는 입장도 존재할 수 있다. EAP가 특정 부서 산하에 설립될 경우, 경쟁관계에 있는 타 부서에서는 반대 의사를 표명할 수 있다.

㉠ 최고경영자·최고업무책임자·노동조합 대표

회사 내 관리 시스템의 기본적인 부분은 최고 결정권자들의 의지에 의해 결정되므로 이들의 지지는 여타 관계자들과의 만남을 촉진하는 계기가 된다. 노동조합이 있는 경우에는 노동조합 대표와도 만나서 상호신뢰를 형성하고 관계증진을 도모한다. 이것은 향후 노동조합원들이 EAP를 많이 이용하는 데 도움이 된다. 즉, 확실한 의뢰처의 지도자나 조직과의 협조관계를 설정해야만 성공적인 EAP가 실현될 수 있는 것이다. 그러므로 EAP 담당자는 이러한 만남의 결과들이 실제적으로 회사 정책에 반영될 수 있도록 노력해야 한다.

㉡ 중간관리자·수퍼바이저·노동조합 실무자

최고경영자나 노동조합 대표 등을 만난 이후에는 최대한 빨리 중간관리자나 수퍼바이저, 노동조합 실무자 등을 만나 프로그램에 대해 설명할 기회를 갖게 된다. 사내 워크숍이나 포럼과 같은 형태를 빌려도 무방하다. EAP에 대해 개괄적으로 소개하고, EAP 지원과 관련한 정규 모임을 개최하자고 제안할 수도 있다.

㉢ 인사·노무·보건 담당자 및 기타 관련자

EAP 홍보 및 운영에 있어서 인사나 노무, 보건관련 부서의 지원이 절대적으로 필요하다. 주로 근로자 오리엔테이션, 욕구 사정, 관리자 교육의 기획, 각종 지원 협력에 있어서 가시적인 협조를 얻기 위해 노력한다. 그간 공식·비공식적으로 어느 부서 또는 개인이 EAP와 유사한 역할을 해왔는지 파악하여 그와 새로운 협력 관계를 만들어 나가는 것도 매우 중요하다.

제6장 실행 단계

EAP 실행 단계는 오리엔테이션 및 홍보, 접수 및 안내, 서비스 제공의 과정으로 진행되며 다음 [그림 6-1]과 같이 평가 단계로 이어진다.

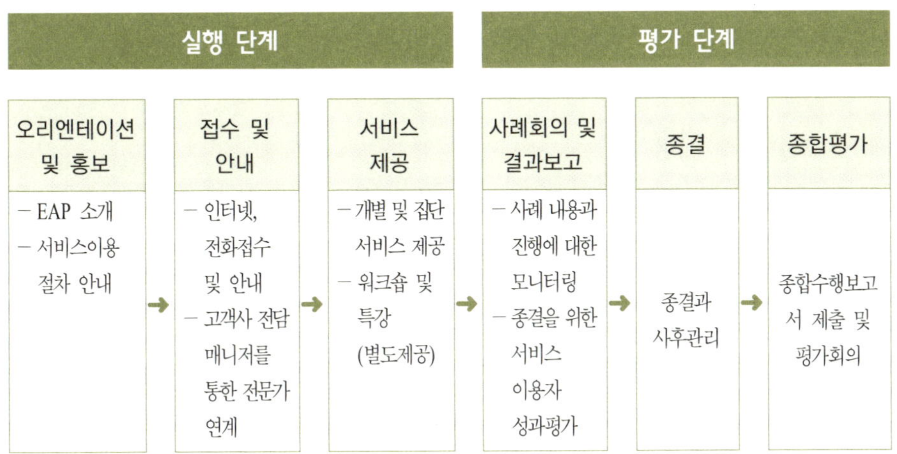

[그림 6-1] EAP 진행 단계[11]

1. 오리엔테이션 및 홍보

EAP의 취지를 근로자들에게 알리고 참여할 수 있는 방법을 소개하는 프로그램 단계이다.

먼저 오리엔테이션 일정을 정하여 각 사업장 별, 부서별 담당자들을 소집한 후 EAP 서비스 주관 기관(업체)에서 사업에 대한 전반적인 안내와 홍보를 실시한다. 이어서 EAP에 대한 소개와 서비스 수행절차 및 방법 등을 구체적으로 안내한다.

11 EAP 진행 단계는 에스엘 EAP 연구소에서 수행하고 있는 실제 실행 과정임을 밝힌다.

2. 접수 및 안내

EAP 서비스는 인터넷이나 전화 등을 통해 신청할 수 있다. 또한 EAP 서비스 제공 기관(업체)의 매니저를 통해 24시간 내에 전문가를 배정하고 근로자와 연계를 추진하여 서비스를 받을 수 있도록 한다. 현재 우리나라에서 실제 진행되는 EAP의 경우 상담신청 후 최소 5일 이후 서비스 이용이 가능하나 응급상황에 대해서는 예외를 두고 있다.

3. 서비스 제공

EAP는 크게 개별 서비스와 집단 서비스로 구분된다. 또한 워크숍과 특강이 별도로 제공되기도 한다.

1) 개별 서비스

EAP를 통하여 근로자의 개인적인 고충을 스스로 해결해 나갈 수 있도록 원조한다.

실제적인 서비스 제공은 도입 단계 ➜ 본 서비스 단계 ➜ 마무리 단계의 절차로 진행되며 구체적인 내용은 [그림 6－2]와 같다.

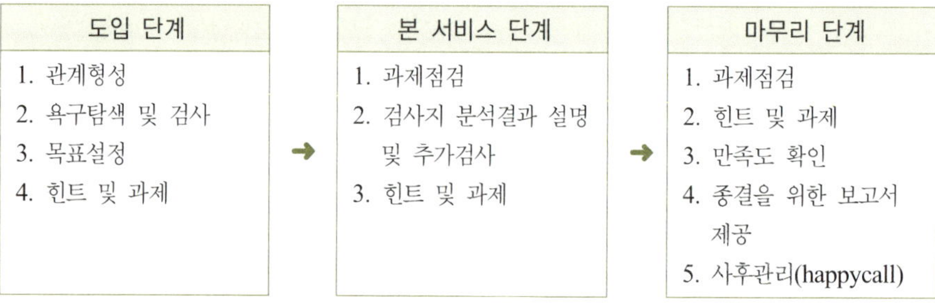

[그림 6－2] EAP 개별 서비스 진행 단계

① 관계형성

EAP의 성패는 EAP 전문가와 근로자 간의 좋은 관계에 좌우될 수 있다. 어쩌면 우리의 근로자는 좋은 관계에 목말라 있을 수 있다. 사람은 관계적 존재이기 때문에 관계의 불안과 상실감은 깊은 고통과 두려움을 낳는다. 관계적 존재인 인간에게 관계의 단절은 견딜 수 없는 고통이다. 현재 우리가 직장에서 경험하고 있는 많은 아픔과 고통은 표면적으로는 그렇게 보이지 않으나 깊은 통찰력으로 실펴본다면 대부분 관계의 어려움에서 오는 고통일 것이다.

이토록 중요한 관계를 회복시켜주기 위해서 EAP에서는 EAP 전문가와 근로자 간의 만남을 통해서 효과적인 서비스 실천을 수행하게 된다. 전문적인 관계형성은 이러한 만남을 EAP 전문가가 잘 할 수 있게끔 돕는다. 효과적인 관계형성을 통해 체계적이고 전문적인 서비스 전달과정이 수행됨으로써 근로자의 질적인 변화가 일어나게끔 하는 것이 전문적인 EAP인 것이다.

EAP는 감성적이며 즉흥적인 도움의 활동이 아니라 세밀하고 분명하게 근로자의 문제와 문제해결능력 등을 EAP 전문가가 파악하면서 이미 계획된 서비스 전달과정을 따라 유익한 만남을 통해 올바른 관계를 형성함으로써 근로자의 변화를 이루어내는 전문적인 개입활동이라고 할 수 있다.

그렇다면 관계란 무엇인가? 사람 간에 상호작용을 통해서 얻은 산물이 바로 관계이다. EAP에서 관계형성은 전문가와 근로자 간의 의미 있는 전문적인 관계를 만들어내어야 한다. 관계는 일종의 촉매제로 사람 사이의 문제를 해결하고 도움을 원하는 인간의 에너지와 동기를 지지하고, 양성하며 자유롭게 하는 원동력이다.

EAP 전문가가 EAP를 통해 사람과 사람 사이가 잘 소통되도록 주선하고 거들어 주는 역할을 충실히 해 왔기 때문에 EAP 전문가와 근로자 간의 관계는 EAP의 초창기부터 지금까지 EAP의 주요 부분이며 특성으로 간주되어 왔다. 특히 오늘날 EAP 전문가는 근로자들 사이만이 아니라 근로자와 환경 체계, 그리고 욕구 및 과업 체계와 역량 및 자원 체계 등 다양한 체계들 간의 양쪽을 잘 조정하여 체계 간의 관계나 상호작용을 개선하는 전문가로 인식될 필요가 있다. 즉, 체계 간에 좋은 관계를 만들고 적절한 양과 질의 상호작용이 일어나도록 활동하는 전문가인 것이다.

실제로 EAP 전문가와 근로자 간의 좋은 관계 속에서, 즉 편하고 따뜻한 정서적 분위기 속에서 근로자는 마음을 쉽게 개방하고 방어의 벽을 허물며, 이를 통해 EAP 전문가와 근로자는 함께 목적을 향해 협동적인 노력을 하게 된다.

② 욕구탐색 및 검사

EAP에 있어서 근로자의 욕구에 대한 정확한 이해는 문제해결의 출발점이자 EAP의 성패를 좌우하는 가장 중요한 요인이다.

EAP에서 욕구를 파악하는 자료수집 방법은 먼저 기존의 자료를 활용하느냐 아니면 새로운 정보를 수집하느냐에 따라서 이차 자료분석 방법과 일차 자료분석 방법으로 구분할 수 있다. 이차 자료분석 방법의 예는 사회지표조사나 기업관련 행정자료의 활용이며 일차 자료분석 방법의 예는 서베이나 집단과정을 이용한 방법들이다.

다음으로 EAP에서 수행하는 자료수집 방법은 양적 접근방법과 질적 접근방법으로도 구분할 수 있다. 양적 접근방법은 욕구에 관한 자료를 정확하게 또는 일반화시킬 수 있는 통계결과를 확보하는 것으로 서베이 방법이 예가 될 수 있고, 질적 접근방법은 숫자로 축소되지 않는 욕구에 관한 풍부하고 깊은 의미를 파악하기 위한 것으로 포커스 그룹을 활용하는 방법들이 해당된다.

EAP에서는 근로자의 욕구를 구체적으로 탐색하며 이를 위해 이상에서 간략히 정리한 두 가지 차원에서의 욕구조사 방법을 폭넓게 사용한다. 실제 우리나라에서 EAP를 수행할 때에는 양적 접근과 질적 접근을 통합하여 개발한 자체 검사도구를 활용하는 경우가 많다.

③ 목표설정 : 비전탐색 및 전략수립과 설계

가. 비전 탐색

직장이라는 조직에 잘 적응하고 원활한 의사소통을 통해 자신과 동료들을 탁월하게 하고, 결과적으로 직장생활을 장기적인 성공으로 이끄는 데에는 매력적이고 가치 있으며 근로자 자신이 성취할 수 있는 미래의 비전을 CEO와 다른 직원들과 함께 공유하는 것보다 더 강력한 것은 없다고 본다. 비전이 있는 사람들은 자기가 가기 원하는 방향을 분명히 알고 있다. 그러나 비전이 없는 근로자들은 직장 내의 전통적인 문화에 얽매여 타성에 젖거나 허둥대며 지내기 마련이다.

따라서 근로자들을 도와 분명한 비전을 발견하게 하고, 그 비전이 있는 방향으로 움직이게 도와준다면, EAP 전문가는 EAP 서비스를 제공함으로써 근로자들이 성공 가도에 들어서게 한 것이다. 바로 이런 점에서 EAP는 비전을 자극하고 근로자들을 앞으로 나아가게 하는 효과적인 형태의 서비스이다.

그래서 EAP는 현재를 명료화하고, 미래에 초점을 맞추며, 목표를 달성하는 세 부분으로 구성되어 있다. 현재를 명료화하도록 돕기 위해 근로자들이 자기 자신과 접촉할 수 있도록 돕고, 자기 가치관을 인식하도록 돕는다. 그리고 근로자들로 하여금 계속해서 앞으로 나아가도록 하는 추진력 있는 열정을 찾는 일에 초점을 맞춘다. 열정은 개인적인 내면의 힘으로서 사람들이 힘 있게 일하고 생활하도록 도와준다. 그러나 열정을 갖기란 쉽지 않다. 많은 직장인들은 열정 없이 소진된 채, 업무에 임하는 경우가 빈번하다.

그래서 대부분의 사람들에게는 어디로 가는지를 보여 주는 정신적 그림이 필요하다. 그들에게는 무엇이 가능한지에 대한 비전이 필요하다. 비전은 사람들을 앞으로 당겨준다. 일단 비전이 마음에 선명해지면, 사람들은 목표 지점에 도달하기 위한 실제적인 전략 단계를 다룰 수 있게 된다. 여기에 EAP 전문가가 해야 할 일이 나타난다. 비전을 근로자와 함께 탐색해서 비전을 분명하게 만드는 일이 EAP 전문가의 몫인 것이다.

㉠ 비전과 사명 일깨우기

일반적으로 비전(vision)과 사명(mission)은 거의 같은 것을 의미하는 것으로 생각한다. 그러나 엄밀히 말하면 이 둘은 다르다. 비전은 사람들이 미래에 존재하기를 원하는 어떤 것에 대한 분명한 그림이다. 그것은 사람들이 다다르기 원하는 표적이나 목표물이다. 그것은 지금 현 상황 너머를 생각하도록 사람을 격려하고 앞으로 있을 것을 마음에 그려 보게 한다. 비전은 영감을 불러일으킨다. 비전이 있는 CEO와 근로자는 성취 가능한 꿈을 기대하고, 그것을 이루고자 흥분한다.

사명은 개인이나 회사가 존재하는 목적을 표현한 것이다. 즉 다양한 목적과 비전을 향해 나아가기 위한 구체적인 노력과 행동을 현재의 시점에서 담아낸 것이다. 기업에서의 사명은 기업을 세우는 것이나 최고의 기업이 되기 위하여 노력하는 것, 회사를 확장하거나 회사 내 어떤 부서를 특화시키는 것들과 관련이 있다. 즉 비전을 달성하기 위하여 서비스이용자인 근로자가 사용하거나 취할 행동을 제공해 준다.

비전과 사명은 다음에 제시된 '비전 선언서'와 '사명 선언서' 작성을 통해 보다 쉽게 이해할 수 있다.

ⓐ 비전 선언서 작성하기

마틴 루터 킹(Martin Luther King Jr.)이 링컨 기념관 계단에서 그 유명한 "나에게는 꿈이 있습니다"라는 연설을 했을 때, 그는 미래에 가능한 청사진을 그려 줌으로써 사람들에게 영감을 줄 수 있었다. 위대한 비전은 위대한 헌신을 이끌어 낸다. 그리고 일상생활의 단조로움을 벗어나서 기회와 도전 그리고 소망이 가득한 새로운 세계로 들어가게 만든다. 그러므로 EAP 전문가는 서비스이용자인 근로자에게 다시금 자신의 직장과 미래의 삶에 대한 비전을 일깨워 주어야 한다. 왜냐하면 비전은 막연한 꿈이 아니라 아직 실현되지 않은 현실이기 때문이다. 그래서 비전은 이루어질 수 있는 일인 것이다.

일단 비전이 분명해지고 나면, 그것은 몇 마디 단어로 표현될 수 있다. 이상적인 '비전 선언서'는 짧고 간결하며 쉽게 기억될 수 있는 것이다. 물론 비전 선언서가 하루아침에 뚝딱 만들어지는 것은 아니다. 생각하고, 또 생각해 가는 과정 속에서 다른 이들과 아이디어를 논의하고, 반추하고, 수차례 수정하는 가운데 형성될 것이다. 이렇게 많은 고심의 과정 속에서 설정된 비전이기에 당연히 매우 현실성 있는 향후 계획이 될 수 있는 것이다.

다음의 'Tip'은 비전 선언서를 작성하는 데에 유용할 것으로 본다.

Tip 1 : 아래의 내용은 화성시남부노인복지관의 비전 선언문이다. 이는 물론 기관 차원에서 만들어진 것이지만 개인적인 차원에서도 이와 같은 방식으로 비전 선언서를 작성해 볼 수 있을 것이다.

화 성 시 남 부 노 인 복 지 관

관훈

敬天愛人 경천애인

사명(Mission)

화성시남부노인복지관은 화성시를 고령 친화적 지역사회로 구축함으로써 화성시 어르신들의 행복한 노년과 아름다운 나눔의 삶에 기여하겠습니다.

비전(Vision)

1. 우리는 화성시 어르신의 가치를 존중하며, 어르신에게 맞는 최적의 복지서비스를 제공하는 노인복지관이 되겠습니다.

2. 우리는 화성시 어르신을 가족처럼 여기며, 지역사회 구성원으로서의 책임을 다함으로써 신뢰받는 노인복지관이 되겠습니다.

3. 우리는 화성시 어르신과 직원, 지역사회가 함께 고령 친화적 사회가 되도록 노력하겠습니다. 이를 통해 고품격 노인복지의 구현, 밝고 힘찬 노인 신문화 창출, 건강한 생활의 현실화, 평생교육의 거점으로 자리매김, 일하는 행복추구가 되도록 노력하겠습니다.

서비스 헌장

우리 화성시남부노인복지관에서는 고령 친화적 지역사회 구축을 통해 어르신의 행복한 노년을 실현해 나가고, 아름다운 나눔으로 노인복지를 지속적으로 향상시킴으로써 고품격 노인복지를 구현하고, 밝고 힘찬 노인 신문화를 창출하며 평생교육이 보편화될 뿐만 아니라 건강한 생활과 일하는 행복이 가득한 화성시를 만들기 위하여 다음과 같이 실천하겠습니다.

1) 우리는 어르신을 대할 때, 내 가족처럼 반갑고 친절하게 맞이하며, 모든 업무를 어르신의 입장에서 생각하고 실천하겠습니다.

2) 우리는 새로운 프로그램을 추진할 때, 다양한 방법으로 어르신의 의견을 반영하고, 프로그램에 대한 만족도를 조사하여 이를 반영하겠습니다.

3) 우리는 어르신이 편리하게 이용할 수 있도록 우리 화성시남부노인복지관 내의 노약자 시설을 확충해 나가고 시설물의 안전과 청결을 유지하여 쾌적한 환경이 되도록 노력하겠습니다.

강남대학교 화성시남부노인복지관

ⓑ 사명 선언서 작성하기

EAP 실행 단계 중 비전 탐색하기를 효과적으로 진행하기 위해서 다음 문장을 완성해 보는 것은 큰 도움이 될 것이다. "내 인생의 목적은 …이다."

만일 EAP 전문가가 인생의 목적보다는 더 좋은 자리로 승진하는 것과 같이 좀 더 구체적인 어떤 것에 초점을 맞추고 있다면, 이런 문장을 완성해 보는 것도 좋을 것이다. "이 목표를 달성하기 위한 내 목적은 …이다."

그런데 좀 더 구체화된 행동을 담아내려면 보다 강력한 선언이 요구될 것이다. 여기에서 '사명 선언서'가 유용하다. 왜냐하면 사명 선언서는 행동 선언서에 가깝기 때문이다. "내 사명은 …하기 위하여 일하는 것" 혹은 "…을 개발하는 것" 등과 같이 행동을 표현하는 방식으로 끝맺도록 문장을 만들면 훌륭한 사명 선언서가 나오게 된다.

다음은 효과적인 사명 선언서를 작성하기 위한 몇 가지 지침들이다.

첫째, 자신이 일하는 회사가 추구하는 비전이나 가치, 경영이념 등과 서비스이용자의 가치관이 상호 조화를 이루거나 일치해야 한다. 이렇게 되어야만 서비스이용자는 심리적인 갈등 없이 편안한 마음으로 사명을 완수해 나갈 수 있다.

둘째, 구체적이어야 한다. 비전은 좀 더 일반적일 수 있지만, 사명 선언은 행동을 위한 청사진이나 계획이기 때문에 구체적일 필요가 있다.

셋째, 행동의 선언이어야 한다. 사명 선언은 서비스이용자가 무엇을 할 것인지를 선언하는 것이다. 선언서에 나오는 많은 단어는 행동을 표현하는 동사로 끝나야 한다.

넷째, 분명하고 기억하기 쉬운 용어를 사용해야 한다. 만일 사명 선언서가 모호하다면 그것으로는 동기부여가 안 될 수 있다. 또한 무엇을 하려고 하는지 기억하기도 어려울 수 있다.

다섯째, 측정 가능한 것을 지목해야 한다. 사명 선언서는 볼 수 있고 측정할 수 있는 것을 지목해 주어야 한다. 그래서 서비스이용자는 다음 문장에 답할 수 있어야 한다. "내가 이 사명을 완수하였을 때 그것을 어떻게 알 수 있는가?" 예를 들어, 서비스이용자의 사명이 새롭게 들여온 첨단기계 사용법을 다른 직원들에게 설명하는 것이라면, 이 일에서 성공을 거두었는지 어떻게 알 수 있는가? 서비스이용자가 해 보겠다고 나서는 일이 무엇인지를 증명할 수 없다면, 사명 선언서는 별 도움이 되지 않을 것이다.

그래서 사명 선언서를 작성할 때 EAP 전문가는 서비스이용자로 하여금 SWOT 분석을 해 보도록 권해 줄 필요가 있다. 이것은 많은 시간이 걸리는 어려운 작업이지만 분명 서비스이용자의 사명을 명료화하고, 미래를 구체화하는 데 큰 도움이 될 것이다. 앞서 제1부에서도 언급하였으나 다시 한 번 말하면 SWOT는 강점(Strength), 약점(Weakness), 기회(Opportunity), 위협(Threat) 등 4가지의 범주를 줄인 약어이다.

가령 이 책의 저자들을 통해 한 번 분석해 보면, 역시 우선은 강점을 열거하는 것부터 시작할 수 있다. 예를 들어, 공개 강연은 저자들의 강점 가운데 하나다. 우리는 이것을 목록에 올리고 난 다음에, 학술대회에서 강의하거나 때때로 기업이나 대학에서 가르치는 것으로 사명을 실천할 수 있다고 사명 선언서를 작성할 수 있다.

그런 후에 약점을 열거한 후, 그것에 압도되지 않고 약점을 직면하여 극복할 수 있는 몇 가지 실제적인 방법을 기록할 수 있을 것이다. 우리의 약점 목록 가운데 하나는 너무 바쁜 생활 방식이다. 우리는 사람을 기쁘게 하고 싶은 욕구가 매우 강한 사람들이기 때문에 한계를 정하고 "아니오"라고 거절하기를 꺼려하는 성향이 있다. 우리는 우리와 가까운 동료 교수에게 우리의 생활을 좀 더 균형 있게 조절하도록 책임을 물어 달라는 부탁을 하기로 결심할 수 있다.

다음 과제는 우리가 가지고 있는 기회를 열거하고 우리가 갖고 있는 재능과 가치관, 열정 그리고 전반적인 비전에 비추어 우리가 무엇에 반응할 필요가 있는지를 결정하는 것이다. 때때로 우리는 가르칠 기회를 얻는다. 우리는 이것을 목록에 올려놓고 이런 기회들을 활용해야 한다고 작성할 수 있다. 너무 바쁜 생활 방식을 피하기 위해, 앞으로는 가르치는 일을 예를 들면 두 가지 방식으로 제한하기로 결심할 수도 있다. 첫째, 가르치는 시간의 양을 제한하여 압도당하는 느낌을 피하도록 할 것이다. 둘째, 우리가 가장 흥미를 느끼고 가장 잘 한다고 생각하는 주제에 한정해서 가르칠 것이다.

그 다음에 우리는 위협이 되는 것을 열거할 수 있다. 이것은 어려운 작업이 될 것이다. 우리는 이 목록에 어떤 항목이 올라가야 하는지를 이미 알고 있겠지만, 솔직히 고민할 것이다. 우리 모두는 어떤 문제나 사람으로 인해 위협을 느낀다. 그러나 두려움을 느끼는 것들을 시인하려고 하는 사람은 극히 드물다. 결국 우리는 우리에게 위협이 되는 몇 사람들의 이름을 종이에 적게 될 것이다. 그들은 우리보다 더 성공적이고 더 유능해 보이기 때문에 우리에게 위협이 되었을 것이다. 또한 우리가 앞으로 쓰는 책들이 출간되었을 때, 팔리지 않을지도 모른다는 생각 그리고 우리가 쓰는 글이 유익하지 않다고 독자들로부터 외면 받을 수도 있다는 생각에 위협을 느낀다고 작성할 수도 있을 것이다. 하지만 우리를 돕는 EAP 전문가의 서비스를 통해 이런 위협에 압도되지 않게 될 것이다. 그래서 더 훌륭한 책을 만들도록 도와줄 유능한 편집자를 찾아서 충실한 교정과 교열을 거쳐 출간을 하고 시장을 개척하도록 하겠다고 작성할 수 있을 것이다. 물론 우리는 작성한 그대로 하였을 것이다.

㉡ 비전 찾기

직장에서 일하는 근로자들이 비전을 갖는 것이 중요하다는 것을 EAP 전문가는 알고 있어야 한다. 비전이 없는 사람들은 그저 그렇게 산다. 비전 없는 기업이나 기관도 마찬가지일 것이다. 하지만 근로자들이 비전을 찾는 것은 대단히 어렵다. 대부분의 사람들은 비전의 필요성을 보지 못하고 있거나 자신의 인생을 위한 비전에 대해 생각할 시간이나 에너지를 갖고 있지 않다. 그래서 근로자들이 간결하고 영속적인 비전에 초점을 맞추도록 도와주는 것은 EAP 서비스를 제공하는 전문가들에게 큰 도전이 될 수 있다. 그러면 어떻게 비전을 찾을 수 있을까? 찾는 방법이 있다.

ⓐ 생각하기

첫 번째 방법으로 제시하려고 하는 것은 '생각하기'이다. 생각하기 위해서는 무엇보다도 서비스이용자인 근로자가 자기 스스로의 '내면'을 볼 수 있도록 도와야 한다. 근로자가 갖고 있는 재능과 가치관 그리고 열정에 대하여 다시 한 번 생각해보도록 이끈다. 이를 위해서는 EAP 전문가가 서비스이용자인 근로자를 잘 만날 수 있어야 한다. 즉 면담을 잘 할 수 있어야 한다.

EAP 전문가가 활용하면 많은 도움이 될 수 있는 면담의 10가지 원리를 다음과 같이 소개하고자 한다(이준우 · 임원선, 2011). 이 10가지 면담의 원리는 서비스를 주는 사람의 입장이 아닌 '서비스를 받는 사람 중심 시각'에 기초한, '함께 문제해결의 과정을 밟아 가는 면담'으로 말할 수 있다.

하나. 서로의 이야기에 집중하며 진지하게 듣고 감탄하기

자신의 관심사나 자신의 답 또는 해결책에 급급한 사람들은 자기 생각에 빠져 있어 상대의 이야기에 집중(full attention)하지 못한다. 상대의 이야기를 건성으로 듣거나 자신의 답이나 해결책과 비교 평가하며 옳고 그름을 판단하기에 급급하여 상대의 이야기를 있는 그대로 듣지 못한다. 이로 인해 상대가 좌절감이나 무시당하는 듯한 부정적인 경험을 하게 되어 방어적 자세로 마음 문을 닫게 된다.

그러므로 과정을 중시하는 면담은 주어진 순간에 충실하며 서로의 이야기에 집중한다. 집중할 수 있고, 또한 집중한다는 사실은 인격적 존재로서 서비스이용자를 받아들인다는 것이다. 어려움을 갖고 찾아오는 서비스이용자의 문제들 대부분은 "사람" 문제이다. 즉 특별한 사람만의 문제라기보다는 모든 사람에게 일어날 수 있는 공통의 문제들이다. 살아가면서 부딪치는 모든 짜증스러운 특성들 그리고 오해에서 비롯되는 모든 좌절들은 "사람"이기에 발생한다. 우리의 응답은 언제나 변함없이 받아들임의 응답이어야 한다. 사람들을 그 모습 그대로 사랑함으로써 받아들이는 것이다. 그렇게 되면 EAP 전문가는 서비스이용자인 근로자의 말에 진정으로 집중할 수 있다.

실제로 서비스이용자의 이야기를 마치 들어보지 못한 새로운 이야기처럼 깊은 호기심과 진지함으로 열심히 들으며 판단하고 깎아내리기보다는 종종 경이감에 감탄하는 모습까지 보이면 서비스이용자는 많은 이야기를 하게 된다. 특히 EAP 전문가가 서비스이용자가 말하는 이야기의 독특성과 그 의미를 완전히 파악할 때까지 판단을 보류하고 마치 상대를 빨아들이는(suction)듯한 모습을 보여주면서 진정으로 서비스이용자의 이야기를 들을 때 "모든 이야기는 새로운 이야기이며 모든 사례는 새로운 사례이다. Every story is a new story, and every case is a new case"의 자세로 집중하는 모습을 보여줄 때 서비스이용자의 마음의 문이 열리게 된다. 모든 이야기를 다 이런 자세로 들을 수는 없겠지만 최선의 노력을 다 할 때 EAP 전문가는 서비스이용자를 보다 더 정확하게 이해할 수 있게 된다.

둘. 한 번에 한 사람씩 나누기

집중한다는 말은 "한 번에 한 사람씩 말한다는 뜻"이다. 한 사람이 어떤 화제나 나눔을 시작하게 되면 "이젠 됐습니다. 다른 사람이 이야기해도 되겠습니다."란 느낌을 가질 때까지 그 화제와 그 사람에게 머물러 있어야 한다는 뜻이다. 던져진 화제가 끝날 때까지 가능하면 다른 주제로 확장되고 옮겨가지 않는 것을 말한다. 서로의 이야기를 가로채지 않도록 조심하는 것이다. EAP전문가들 중에는 서비스이용자에게 속마음을 토로할 수 있는 충분한 기회를 만들어 주지 않는 사람들이 많다. 조금 대화하다가 다른 일이 생기거나 다른 사람을 만나야 할 시간이 되면 집중하지 않고 건성으로 대하게 된다.

그렇다면 어떻게 해야 집중할 수 있을까? 가장 유익한 집중방법은 EAP 프로그램을 마친 후 회사 내 식당이나 인근의 커피숍에서 "커피나 차 마시는 시간"을 갖는 것이다. 서로 마주보고 앉아서 아무런 방해 없이 대화를 할 때에 서비스이용자에 관한 많은 소중한 통찰이 얻어지며 특정한 욕구와 문제점들이 모습을 드러내고 토론되어진다.

셋. 가능하면 현재에 머물기

진행과정을 중시하는 면담은 현재에 초점을 맞춘다. 가능하면 "지금, 여기, 현재, 이 순간, 나, 너, 우리"에 머물며 집중하려 한다. 이렇게까지 하는 이유는 무엇보다도 면담 자체가 주어진 현실이며 순간이기 때문이다. 그래서 모든 것을 내려놓고 오로지 면담에만 집중한다. 그렇지 않으면 모임 밖에서 일어나는 일들에 생각이 빠져 서로의 이야기에 집중할 수 없다.

이것은 또한 현재 함께 있는 눈에 보이는 사람들에게 집중한다는 뜻이다. 이는 현재 없는 사람들의 이야기는 가능하면 피한다는 뜻이다. 그 대신 현재 함께 자리를 하고 있는 사람들, 즉 나, 너 그리고 우리의 이야기를 한다는 뜻이다. 예를 들면, 우리는 때때로 한국사람, 세상사람, 한국 정세, 교육 현실, 경제 현실 등을 이야기 할 수 있다. 그러나 이런 "남" 이야기는 직장 내에서 일하는 근로자들의 성장과 변화에 거의 도움이 되지 않는다. 함께 앉아 하루 종일 다른 사람들 이야기를 할 수 있지만 서로의 관계나 개인적 성숙에는 별로 도움도 되지 않는 경우가 많다. 가령 10년 동안 교제하면서도 서로의 관계에 별로 도움이 되지 않았다면 지난 10년 간의 만남이 "남 이야기하는 현상"에 있었기 때문이라 할 수 있다.

서비스이용자가 개인적 이야기는 도무지 하지 않고 계속 남의 이야기나 일반적 이야기만 한다면 과거 나눔에 대한 깊은 상처, 개인적 열등감 그리고 거기에서 나오는 보이고 싶지 않은 마음, 감당할 수 없는 문제를 보거나 다루고 싶지 않은 마음, 전문가와 서비스이용자 간에 신뢰감이 형성되지 않은 마음에서 오는 경계심 등이 있다는 뜻이다.

넷. 개인의 사례를 일반화하지 말기

많은 EAP 전문가들과 서비스이용자들은 자신의 경험 또는 개인적인 지식의 적용 사례들을 마치 일반 진리인 것처럼 말하거나 강요하는 경향이 있다. 이런 사람들은 자신의 해결책에 집착하여 상대를 설득하거나 조절하려는 모습을 보이며 그렇게 되지 않을 때 상대에게 분노를 품게 되고 은연중에 무시 또는 경멸하는 태도를 보이기도 한다. 이런 전문가들은 "이렇게 되어야 한다." "저렇게 되어야 한다." 등의 당위성이나 강요성 언어를 많이 사용하는 경향이 있다.

하지만 과정을 중요하게 생각하는 면담은 서비스이용자의 개성, 성숙도, 경험의 영역, 기본 권리 등을 존중해 준다. 상호 존중과 믿음, 사랑, 소망에 뿌리를 두고 서로의 감정, 의견, 생각, 가치관, 주어진 문화배경과 환경 등의 차이를 감안하며 서로의 성장속도를 존중해 준다. 과정과 관계를 중요시 생각하는 사람들은 일반 진리와 개인적 적용 사례를 구별하여 "자신의 개인적인 경험이나 이야기"라고 정직하게 말한다. 또한 상대도 자신과 같이 개인적인 이야기나 경험을 가질 수 있다고 인정하며 서로의 차이를 인정하고 존중해 줄 수 있다. 자신의 경험이 더 낫다거나 상대를 가르치려는 자세를 경계하며, 비록 유사한 경험을 했다고 해도 내 사례가 아니라는 사실을 인식하는 것이 중요하다.

다섯. 자신에게 정직하고 성실하기

과정을 중요하게 생각하는 EAP 전문가들과 서비스이용자들은 정답과 해결책을 주기 전에 자신을 살펴본다. "과연 나는 어떻게 살았는가?" 자신의 정답과 해결책에 집착하는 사람들은 자기 과시적이고 자기중심적이며 때로는 위선적인 모습으로 비춰질 수 있다. 정답과 해결책에 급급한 사람들은 "살아야 할 삶" 또는 "해결 중에 있는 문제"를 마치 그렇게 살고 있는 것처럼 또는 다 해결된 것처럼 상대에게 말하는 경향이 있다. 이런 현상은 특히 자기도취적인 사람들에게 많이 일어나는데 이런 사람들은 자신의 성공 사례를 과시하고 상대에게 고집스럽게 강요하며 상대가 따르지 않을 때 거절이나 무시당한 것에 분노를 느낀다. 이런 사람들은 정답과 해결책에 급급하여 과정을 무시하는 경향이 있다. 나아가 EAP 전문가는 서비스이용자와의 면담 약속 시간이라든지 면담 진행 시기 등을 성실하게 준수하여야 한다. 이러한 성실성이 담보될 때, 서비스이용자인 근로자는 EAP 전문가를 신뢰하게 되고, 이는 결과적으로 면담을 성공적으로 이끄는 중요한 요인이 된다.

여섯. 서로를 존중하기

과정을 중시하는 EAP 전문가와 서비스이용자는 서로를 성숙한 개인으로 존중한다. 고통과 어려움 중에 있는 서비스이용자의 이야기를 마치 고통의 고름을 빨아주듯 열심히 집중하여 듣는다. 하지만 함부로 무례하게 상대를 구해 내거나 도우려 하지는 않는다. 고통도 때로는 성숙의 과정이란 진리를 의식하고 함께 그 고통 중에 머무르지만 쉽게 자신의 방법과 해결책으로 구해내지는 않는다. 돕는 것도 상대에게 반드시 의사를 확인한 후에야 상대가 도움을 원하는 방법으로 돕는다. 이런 점에서 서로를 존중한다. 초대받지 않은 지나친 열심과 영웅주의적 태도가 오히려 상대에게 수치심과 거부감을 일으킬 수 있고 부담을 줄 수 있기 때문이다. 고통을 호소하는 많은 사람들은 그냥 들어주기만 바란다. 잘만 들어주어도 문제의 반은 해결될 수 있다. 그런데 해결중심의 사람들은 섣부른 충고나 구원의 손길로 상대를 더 힘들게 하고 움츠리게 만들 수 있다. 따라서 혼자 추측해서 돕는 일방적 열심보다는 물어가며 상대의 의사를 존중하며 돕는 열성적인 노력이 더 바람직하다.

그래서 때로는 도울 수 있다 해도 자제가 필요하다. 영웅주의적 EAP 전문가나 서비스이용자는 거의 반사적으로 이 사람 문제 저 사람 문제에 첨벙첨벙 빠져 꺼내주려고 하는데 이런 행동이 상대의 정서적·정신적 성숙에 방해가 될 수도 있다. 강박적인 영웅주의적 전문가는 상대가 자신의 인생에 책임져야 할 부분에 대해 무책임한 사람이 되게 할 수도 있고 성장이 정체된 의존적 사람으로 만들 수 있다. 함부로 돕는 영웅주의적 도움의 뒷면에는 옳지 않은 동기가 있을 수 있다. 예를 들면, 잘못된 영웅주의자는 돕는 것을 통해 사람들에게 인정을 받고 싶은 강한 욕구나 자신의 선함이나 의를 과시하며 다른 사람들을 정죄하고 의분을 터뜨리는 모습을 보게 된다. 이런 사람들은 남을 돕는 것처럼 보이지만 실제로는 자신을 위해 남을 이용하는 사람들이다. 이런 관계에서는 도움을 받는 사람이 건강한 독립적인 인격체로 자라는 것이 아니라 그 사람에게 계속 의존적으로 살아야 하는 미숙아로 남아있게 된다. 과정을 중시하는 사람들은 순례자적인 자세로 믿음, 사랑, 소망으로 고통 중에 있는 사람들과 함께 걷지만 초대받지 않은 영웅주의적 구제자의 역할을 경계한다.

일곱. 자신의 문제를 소유하기

과정을 중요하게 생각하는 사람들은 자신의 문제는 자신의 문제라 말할 수 있는 사람이다. 예를 들면 말하는 상대에게 필요 이상으로 강한 부정적인 감정을 느낄 때는 자신을 살펴본다. 혹시 상대가 내 마음에 해결되지 않은 무엇(나의 상처, 나의 분노, 나의 해결되지 못한 문제, 상처 준 사람 등)을 건드리지는 않았는지 확인하고, "○○○씨, ○○○씨의 이야기를 들으며 화가 나고 짜증이 났는데 가만히 생각해보니 내 안에 해결되지 않은 문제로 그런 것 같아요."라고 말할 수 있다면 그는 자신의 문제를 소유할 수 있는 사람이다. 그러나 그렇지 않으면 자신의 해결되지 않은 문제로 상대에게 정당치 않은 상처와 아픔을 주게 되고 모두 자신의 문제에 갇히게 된다. 각자 자신의 문제는 자신이 소유하고 서로에게 정직하게 말하는 모습이 참된 전문가의 모습이다.

여덟. 자신을 객관적으로 관찰하기

과정과 성장을 중시하는 사람들은 자신을 객관적으로 관찰하는 습관을 갖고 있다. 뜨거운 대화중에서도 자신이 사람들과 어떻게 대화를 나누고 있는지 자신의 모습을 객관적으로 살펴보려고 노력한다. 열띤 토론 가운데서도 자신에게서 어떤 사람 냄새가 나는지 서로에게 어떤 냄새가 나는 사람인지를 조금 떨어져서 바라볼 수 있는 여유를 갖는 사람들이다. 어떤 대화가 나의 마음과 서로의 마음을 만지고 열게 하는지 또는 마음을 닫게 만들고 답답하게 만드는지를 관찰하며 정답에 이르는 과정에서 일어나는 여러 현상들을 주의 깊게 볼 수 있는 사람들이다. 때로는 첨벙 물속에 뛰어들지 않고 강둑에 앉아 바라보고 관찰하며 배우는 사람이다. 사람이 상황에 뛰어들어 풍덩 빠지게 되면 흑백논리, 옳고 그름, 잘 잘못 등에 빠지고 상대의 이야기를 들을 여유가 없게 되며 격한 감정으로 치닫는 경우가 많다. 뿐만 아니라 상대도 함께 빠지게 되는 물귀신 같은 역할을 하여 모임을 힘들게 할 수 있다. 자기 관찰을 하는 사람들은 열띤 토론 한가운데서도 동시에 조금 뒤로 물러나 자신의 모습, 자신의 행동과 언어, 자신의 냄새 등을 보고 맡을 수 있는 자신에 대한 냉철함을 보이는 과정 중심의 사람이다.

아홉. 훈련된 언어 생활하기

과정을 중시하는 EAP 전문가와 서비스이용자는 훈련되고 세련된 언어생활을 한다. 다음은 건강한 생명을 낳을 수 있는 언어적 기술들이다.

첫째, 상대가 감정적으로 힘들게 보일 때는 공감적 반영을 한다. 공감적 반영은 "상대가 문제를 소유하고 있는 것처럼 보일 때" 상대를 문제에서 건져낼 수 있는 효과적인 대화술로 그 틀은 "이유 + 상대가 느낀다고 생각하는 느낌 표현"으로 되어 있다. 예를 들면, "ㅇㅇㅇ씨의 말을 듣고 보니/ㅁㅁㅁ 과장님을 뵈면 참 답답하게 느끼시겠어요."하는 것이다. 즉, 상대가 느낀다고 생각하는 감정을 반영해 주는 것으로 자신의 개인적 의견이나 생각 또는 감정을 철저하게 배제한다. 공감적 반영이 잘 될 때 먼저 상대가 이해받는 느낌을 갖게 된다.

둘째, 자기표현은 공감적 반영과는 반대로 "자신이 문제를 소유하고 있는 때" 사용할 수 있는 효과적인 대화술이다. 그 틀은 "상대의 행동, 태도 또는 말 + 그로 인해 자신이 받은 영향 + 그래서 현재의 기분"으로 되어 있다. 가령, "아무도 내 말을 듣지 않는 것 같아 무시당한 생각이 들어 기분이 참 그렇네요." 같은 것이다.

셋째, 상대에 대한 느낌과 인상은 가능하면 피드백(feedback)으로 표현한다. 상대가 이야기 할 때 가능하면 직접적 충고, 방향 제시, 해석, 분석, 판단, 구해내기, 깊이 없는 농담, 대변 등을 피하고 피드백을 한다. 피드백이란 상대의 이야기를 들으며 내가 개인적으로 상대를 경험한 것들을 나누는 대화술이다. 예를 들면, 스스로 결정하지 못하고 다른 사람들이 충고나 지시에 의존해서 살아가는 모습을 반복적으로 발견하게 될 때 "○○○씨가 말씀하는 것을 들으며 제가 받은 인상은 당신은 스스로 결정하는데 참 어려움을 느끼시는 것 같아요"하거나 "○○○ 님은 스스로 결정하시는데 참 어려움을 느끼시는 것 같아요. 마치 내 모습을 보는 것 같아요."라고 말할 때 피드백을 주는 것이다.

넷째, 특히 EAP 전문가는 서비스이용자를 대할 때 다음과 같은 네 가지 반응을 조심해야 한다. 하나, 격렬한 생체적 반응으로 면담을 시작해서는 안 된다. 둘, 일방적인 비난적 자세를 피해야 한다. 셋, 철저한 방어적 자세를 갖지 않도록 노력해야 한다. 넷, 담 또는 벽의 자세를 깨도록 애써야 한다.

열. 서로의 비밀을 존중하기

이 말은 면담을 통해서 나온 말은 가능하면 비밀성을 존중해야 한다는 뜻이다. 이럴 때 서로를 신뢰하게 되고 자기개방과 좀 더 깊은 이야기를 할 수 있는 안전한 분위기, "진짜와 진짜가 만날 수 있는 분위기"가 되어 거룩함과 변화가 일어날 수 있는 진정한 EAP 실천 현장이 될 수 있다. 따라서 가능하면 EAP 실천 현장을 떠날 때, 서로 극히 개인적인 이야기는 그 장소에 놓고 떠나는 마음의 훈련이 중요하다.

이상의 10가지 면담의 원리를 활용함으로써 서비스이용자가 자신의 내면을 바라보고, 곰곰이 자신이 나아가야 할 바를 생각하게끔 EAP 전문가가 도와주면, 서비스이용자인 근로자는 자신이 가져야 할 비전의 핵심을 서서히 정리해 갈 것이다. 여기에서 특히 EAP 전문가가 주의해야 할 것은 서비스이용자인 근로자로 하여금 생각을 빨리 하도록 절대 강요하거나 서둘러서는 안 된다는 점이다. 다시 말해 '서두르지 않기'를 실천해야 하는 것이다. EAP 전문가는 자신의 서비스이용자인 근로자가 재빨리 생각하여 바라는 비전을 찾아 그 내용들을 정리하여 결정을 내리고 열정적으로 전진해 나가는 모습을 보고 싶겠지만 정작 중요한 것은 서두르지 말아야 한다는 사실이다. 그러므로 생각하는 과정에 있는 EAP 실천 단계에서 해야 할 전문가의 말은 "서두르지 마세요."이다. 실제로 시간을 두고 생각하게 되면 비전이 분명해진다. 물론 어떻게 보면 이런 종류의 말은 막연하게만 느껴질 것이다. 당연히 '틀림없다고 느껴지지' 않을 것이다. 하지만 생각하는 시간이 지나면 EAP 실천 단계에서 서두르지 말라는 말이 옳았음을 알게 될 것이다.

ⓑ 정보 수집하기

비전을 찾기 위한 다음의 방법은 정보를 얻어야 한다는 것이다. 비전은 미래에 대한 것이지만, 그것은 현재로부터 나온다. EAP 전문가가 서비스이용자인 근로자의 비전을 찾기 위한 정보를 효과적으로 수집하기 위해서는 먼저 서비스이용자의 세계를 살펴보아야 한다. 무엇이 변화할 수 있겠는가? 무엇이 변해야만 하는가? 비전은 거의 예외 없이 현 상황에 대한 불만족과 그것을 개선하고자 하는 간절한 소망에서 비롯된다. 가령 직장생활에서 고전하는 젊은 사원이 있다고 해보자. 그가 힘 있게 일하기 위해서는 직장에서 함께 일하는 동료들이 어떻게 생활하고 있는지를 파악해야 할 것이다. 그는 자기와 관계된 조직이나 부서 등을 둘러보아야 하며, 동료와 후배 그리고 직장 상사들과 이야기를 나누어야 한다. 이를 통해 그들이 무엇을 생각하고 어떤 방식으로 일하고 생활하는지를 듣고 보고 알아야 한다. 이렇게 하는 과정에서 그는 자신의 문제를 보다 구체적으로 볼 수 있게 될 것이다.

다음으로는 자원을 확인해야 한다. 정보 수집에서 자원을 파악하는 것은 매우 중요하다. 자원 확인은 적절한 서비스 자원과 조직 정보에 대한 자료를 얻기 위해 필요한 것이다. 직장 내 조직이나 관련 사람들과 전화 접촉하기, 기업 대표자가 참여하고 있는 모임에 참석하기, 비공식적인 관계망, 개인적인 자원 자료를 확인하기, 사무실 보관문서를 확인하기, 주소록이나 인명부 확인을 통해 자원을 확인하며, 때로는 서비스이용자로부터 정보를 얻을 수 있다. 서비스이용자를 위한 특정자원의 제공기회가 결여되었거나 공급이 부족할 때는 새로운 자원을 파악할 필요가 있으며, 서비스이용자에 대한 서비스와 지원을 효과적으로 파악하기 위해서는 서비스이용자, 서비스이용자의 사회적 관계망, 여러 영역의 다양한 전문가가 함께 하는 팀워크를 통한 상호협력적인 과정이 필요하다.

결국 비전은 현재의 경향에 주목하고, 어떤 일이 진행되고 있는지 살펴보며 자신의 재능과 가치관 그리고 열정이 현상을 깨뜨리고 미래에 변화를 일으키는 방향으로 어떻게 사용될 수 있는지를 확신으로 바라보는 사람들에게 주어지는 것이다.

ⓒ 비전 살리기

가장 훌륭한 EAP 전문가는 서비스이용자가 비전을 찾는 과정을 거칠 때, 그들을 격려하고 에너지를 공급해 주는 가운데에 어느 정도 윤곽을 찾아가는 비전이 사라지지 않고 지속되도록 돕는 것이다. 많은 근로자들은 창의적으로 생각하고, 어떻게 하면 문제가 더 좋아질 수 있는지 예상하며, 미래에 대한 그들 자신의 기대에 대해 열정적으로 말하고, 때로는 정교한 계획을 세우는 일에 많은 시간을 투자하기도 한다. 하지만 또 많은 경우 수립되어가던 그들의 비전은 순식간에 사그라지기도 한다. 비전은 흥분을 불러일으키며 동기를 부여하기도 하지만 최초의 밝기가 사그라지기 시작하면 비전을 살려두고 지탱하기란 정말 어려운 일이다. 문제는 비전이 시들 때, 열정도 식고 열심히 하려는 마음도 사그라지며, 반대로 우유부단함과 타성은 몰려들고, 소망도 사라진다는 것이다.

그러면 왜 비전은 약화되는가? 그 이유는 다음과 같이 말할 수 있다.

첫째, 비전에 대해 깊은 헌신이 없기 때문이다. 비전을 계속 살리는 것보다 새로운 비전을 만드는 것이 훨씬 쉽다. 비전을 유지하려면 헌신이 뒤따라야 한다. 즉 비전을 실현하기 위해 헌신하고 희생하며 각오와 인내로 살릴 만한 노력이 있어야 한다.

둘째, 기본적인 가치관이 분명하지 않기 때문이다. 저변에 깔려 있는 신념이라고 해도 좋고 도덕적 지침이나 행동 기준이라고 해도 좋다. 가령 지속적으로 호황을 누리는 대기업들은 그들이 굳게 붙들고 있는 핵심적인 신념과 가치관 위에 서 있다. 회사의 기본 신조를 아무도 모르고 있다거나 사원이나 CEO가 이 가치관을 무시할 때, 조만간 문제가 일어나게 마련이다. 타협과 도덕성 상실 그리고 미심쩍은 결정은 회사의 기초를 무너지게 할 수 있다. 비전도 마찬가지다. 명확한 기본적 가치관이 없을 때, 비전은 유지되기 어렵다.

셋째, 격려가 없을 수도 있다. 전적으로 서비스이용자 혼자서 비전을 유지하는 것이 가능하다. 많은 근로자들이 열악하고 힘든 근무 여건에서 혼자 그들의 비전을 견지할 수도 있을 것이다. 그러나 대개의 경우 별다른 격려나 지지가 없고, 가까이 다가와 도와주고 힘이 되어주는 사람이 없이 본인 단 한 사람에 의해 비전이 유지될 때, 그것은 시들기 쉽다. 만일 근로자들이 혼자가 아니라 '팀'이나 '집단'으로 협조하고 노력하며 서로 격려한다면, 비전은 앞으로 나아가게 된다. 비전을 혼자서 성취할 사람은 아무도 없다.

넷째, 진전이 없는지도 모른다. 아무 일도 일어나지 않는 것처럼 보일 때, 혹은 아무런 성과도 내지 못할 때, 비전을 유지하는 것은 어렵다. 하지만 비전이 아직 실현되지 않았을 지라도 비전을 버려서는 안 된다. 그래서 EAP 전문가는 종종 비전을 이루는 일이 느리게 진행되거나 진전이 거의 없을 때 서비스이용자에게 희망을 주고 격려를 아끼지 않아야 하는 것이다.

다섯째, 비전의 필요성을 상기시켜 주는 것이 거의 없을 수 있다. 때때로 비전은 서비스이용자가 현재의 직장생활 방식에 익숙해 있기 때문에 희미해지는 경우가 있다. 예를 들면 수리가 필요한 집에서 살면서도 고치지 않고 차일피일 미루며

생활하는 경우를 들 수 있다. 개선하지 않고 오래 지내다 보면, 있는 그대로 적응이 되어 변화해야 할 필요성에 대하여 점점 생각하지 않게 된다. 비전도 그와 같은 것이다.

여섯째, 장애물이 있기 때문이다. 거의 예외 없이 비전은 서비스이용자의 직장생활에 새로운 변화를 야기하고 기존의 타성에서 빠져나오도록 자극한다. 그래서 분명 누군가 그 비전은 이루어질 수 없는 것이라고 말할 것이다. 비전을 실천하려고 노력하다 보면 서비스이용자인 근로자는 비판을 받거나 노골적인 반대에 직면할지도 모른다. 그러므로 EAP 전문가는 서비스이용자인 근로자가 이러한 장애물들을 극복하도록 도와주어야 한다.

이렇게 약화되는 비전을 다시 살리기 위해서 유용한 방법들을 다음과 같이 제시해 볼 수 있다.

첫째, '비전을 품은 사람들에게서 배우기'이다. EAP 전문가는 서비스이용자에게 비공식적으로 비전에 대해 대화해 줄 사람을 찾아 주어야 한다. 그것이 바로 좋은 EAP 서비스를 제공하는 데에 든든한 지원군의 역할이 될 수 있다. 서비스이용자의 직장 생활에 비전이 없는 것처럼 느껴질 때, 민감하고 격려할 줄 아는 친구나 EAP 서비스에 대해 소개해 줄 수 있는 사람의 열정으로 EAP 전문가를 행동하게 할 수 있다면 그보다 더 고무적인 일은 없을 것이다.

반면 조심해야 할 사람들이 있다. 예를 들면 지나친 열심과 과도하게 혁명적인 아이디어로 충만하여 자기 에너지를 공유하지 않은 사람에게는 겁을 주기도 하는 사람들이 있다. 이들 중 어떤 이들은 실상은 위협적인 인물이면서 스스로는 동기를 부여하는 사람이라고 여기기도 한다.

따라서 배우고 선한 영향을 받을 만한 사람들의 범위를 서비스이용자 자신이 아는 사람들로 지나치게 제한할 필요는 없다. 한 번도 만나지 못할지라도, 삶의 모범을 통해 서비스이용자에게 긍정적 영향력으로 자극하는 비전을 가진 사람들에게서도 배울 수 있다. EAP 전문가는 바로 이런 사람들이나 서비스이용자가 비전을 놓고 생각하는 데 도움이 되는 강의 혹은 책을 읽어 보게끔 소개해 주어야 한다.

둘째, '시종일관 격려하는 사람 되기'이다. 칭찬과 격려는 사람들을 소망으로 이끌며 실제로 엄청난 힘을 발휘하게 한다. EAP는 서비스이용자인 근로자들이 다른 사람들을 격려하고 칭찬하는 사람이 되게 한다. 직장 내의 여러 가지 상황이 예측대로 유연하게 진행되지 않거나 그 속에서 난관에 빠져 낙심한 것처럼 보이는 동료 직원에게 말이나 행동으로 "나는 당신을 믿어요. 계속 해 보세요!"라고 할 수 있게 되면 그는 훌륭한 근로자로 성장한 것이라 말할 수 있다.

셋째, '모호한 말 피하기'이다. 가령 EAP 전문가가 서비스이용자에게 "깊이 있게 성장하고" "자신을 인식하고" "내면의 잠재력을 발견하고" "좀 더 민감해지며" "정서적으로 성숙하는 것"이라고 말하는 경우를 생각해 볼 수 있다. 지금 말한 내용들은 가치 있는 목표들이다. 그러나 이 말을 들은 서비스이용자는 자신이 목표에 도달한 것을 어떻게 알 수 있겠는가? "깊이 있게 성장하는 것" "내면의 잠재력을 발견하는 것" "정서적으로 성숙하는 것"은 어떤 모습이겠는가? 여기에서 한 가지 활용할만한 기준을 제안해 볼 수 있다. 가칭 SMART 기준이다. 최근 우리나라 핸드폰 시장에 '스마트폰'이 선풍적인 인기를 끌고 있어 친숙하기도 하니 'SMART 기준'이란 이름이 그럴 듯하다. 자세히 설명하면 'SMART 기준'이란 구체적이고(Specific), 측정 가능하며(Measurable), 성취할 수 있고(Attainable), 현실적이며(Realistic), 시간에 초점을 둔(Time-focused) 것이다.

나. 전략 수립과 설계하기

'비전 탐색'이 끝나면 곧 전략을 결정하고, 그 후 행동을 취하는 과정을 밟아가야 한다. EAP 전문가가 변화를 이루기 원한다면 반드시 효과적이며 성공적인

EAP 전략을 세울 시간을 내어야만 한다. 전략을 공표하려면 우선 무엇인가가 변화될 필요가 있다는 합의가 필요하다. 그리고 합의를 이루기 위해서는 시간이 필요하다.

가령 서비스이용자가 전문가에게 서비스를 요청하면서 다가온다면야 그건 문제가 되지 않는다. 그러나 서비스이용자가 EAP에 큰 관심이 없다고 한다면 상황은 완전히 달라질 수 있다. 생산성에 방해가 되는 업무 시간의 행동에 대해 EAP 서비스를 제공 받아야 하는 사원의 경우가 좋은 예이다. 아니면 운전면허를 포기하거나 부득이하게 해고되어야 하는 상황에 직면하는 것과 같이, 생활 방식의 변화를 위해 EAP가 필요한 근로자에 대해 생각해 볼 수도 있다. 그리고 EAP를 요청한 사람들이라 할지라도 목표를 설정하고 변화를 위한 조치를 취하는 과정에 다가서면 저항하기도 한다.

㉠ 전략 수립 : 저항을 변화 모색으로 바꾸기

저항은 EAP 실천 과정의 단계에서 자주 거세게 나타난다. 다음은 EAP 전문가가 접할 수 있는 '저항'하는 서비스이용자의 말을 예로 들어 본 것이다.

- "위험이 너무 크다고 생각되네요." 대부분의 변화에는 이렇게 위험 부담이 따른다. 그러나 위험을 감수하지 않으면, 진전을 이룰 수가 없다. 변화를 향한 시도는 해 볼 만 한 충분한 가치가 있는데도 많은 서비스이용자들은 변화를 두려워한다.
- "우리는 이렇게 해 본 적이 없는데요." 혹은 "이런 서비스 받지 않고도 잘 살았어요. 그냥 그대로 놔 둬도 잘 돌아갔습니다."라고 말하며 옛날 방식을 고집하는 서비스이용자들이 있다.
- "망하거나 잘 안 되면 어떻게 합니까?"라는 말을 많이 한다. 하지만 목표를 달성하고 앞으로 나아가려면, 모험을 감수해야 한다.
- "누군가 욕할 것입니다." 이는 분명한 사실이다. 그러나 머지않아 현재의 정체를 벗어나지 못함으로 더 많은 욕을 얻어먹을 지도 모른다. 그리고 변화

를 향해 시도하지도 못한다면, 결국에는 자책하게 될지도 모른다.

- "이렇게 하는 것이 바르다고 생각하지 않습니다." 그러나 생각만 갖고 살아갈 수는 없다. 이 말을 달리 표현하면, "나는 겁이 나요." "변하는 것이 싫어요." "아무래도 못 할 것 같아요."라는 말이다.

이상과 같이 저항이란 서비스이용자들이 어떻게 변화하기를 원하는지에 대해 상당히 분명한 그림을 갖게 된 후 그렇게 할 수 없는 온갖 종류의 핑계를 찾아내면서 발생하는 것이다. 저항에 대처하는 비결은 저항에 협조하는 것이다. 저항을 제거하는 것은 EAP 전문가의 일이 아니다. 어쩌면 저항은 당연한 것이다. 왜냐하면 모든 사람은 변화를 두려워하기 때문에 변화의 길목에서 저항하는 것은 자연스러운 일인 것이다.

실제로 변화는 다소 위협적이다. 무슨 일이 일어날지 확실히 알지 못하기 때문에 위협적으로 인식되기 마련이다. 서비스이용자는 앞으로 나아가지 않을 이유를 찾아낸다. 그리고 EAP를 제공받게 되면서 변화를 향해 나아가라는 압력을 느끼면 더욱더 저항하게 된다. 저항하는 사람들과 논쟁하는 것은 소용없는 일이다. 변화가 왜 좋은지 이유를 열거하는 것도 도움이 되지 않는다. 일단 저항을 인정하고, 저항에 대해 이야기함으로써 이해한다는 것을 보여 준 후, 미래의 희망과 목표 또는 목적에 다시금 초점을 맞추는 것이 훨씬 좋은 방법이다. 이렇게 하면 강조점이 계속 성장에 맞춰지게 되고, 이로 인해 사람들은 비록 더 큰 변화의 필요성에는 동의하지 않더라도 상황을 향상시키기 위해 실천 가능하며 덜 위협적인 작은 조치들을 취할 수 있게 된다.

EAP를 제공받으면서 압력보다는 지지와 격려를 받는 가운데 EAP 실천 과정이 진행될수록 신뢰가 쌓이게 되고, 당연히 서비스이용자들은 자신도 모르는 사이에 변화를 향해 움직이기 시작하며, 변화를 이루는 것이 왜 가치가 있는지 더 명확해지게 된다.

서비스이용자가 변화의 필요성에 동의할 때, EAP 전문가는 그를 다음과 같은 단계에 따라 인도할 수 있다.

1단계 – 최종적으로 바라는 결과에 대하여 동의한다.

2단계 – 이를 종이에 적어 놓는다. 나중에 언제든지 수정할 수 있다.

3단계 – 바라는 결과를 가지고 시작하라. 그 다음에 거꾸로 몇 가지 가능한 중간목표에 대하여 서로 브레인스토밍을 하면서 진행한다.

4단계 – 이 중간 목표 중에서 어떤 것을 추구할지에 대하여 합의한다.

5단계 – 목표를 가장 우선적이며 현실적인 것에서부터 최종 결과까지 순서대로 나열해 본다.

6단계 – 이 목록을 종이에 적어 본다.

7단계 – 몇 가지 어려운 질문에 답해 본다. 특별히 한두 가지 첫 목표를 고려하면서 다음 질문에 답해 보면 유용하다. 첫째, EAP 전문가가 무엇을 해야 하는지 정확히 알 정도로 목표가 구체적인가? 둘째, 무엇이 첫 번째 단계인가?(첫 번째 목표로 시작하라) 셋째, EAP 전문가가 목표에 도달한다면, 그곳에 이르렀음을 어떻게 알 수 있겠는가? 넷째, EAP 전문가가 성공했다는 구체적인 증거는 무엇일까?

이 모든 과정에서, 목표는 그냥 아무 노력 없이 주어진 것이 아님을 전문가는 인식해야 한다. 목표는 언제나 검토하고 수정할 수 있는 것이다. 일반적으로 순서상 앞에 오는 목표가 뒤에 나오는 목표보다 더 중요하다. 그러나 상황이 진전되면서 전문가는 어떤 목표를 수정하거나 제거할 수도 있다.

㉡ 전략 수립 : '사고' 확장시키기

사고 확장이란 도저히 도달할 길이 없어 보이는 가능성을 꿈꾸도록 상상력을 자극하는 것이다. 같은 일을 같은 방식으로 하는 익숙하고도 편안한 일상에서 벗어나도록 자극하는 것이다. 사고 확장은 근로자들로 하여금 그들이 현재 가지고 있는 지식과 기술과 행동으로는 이미 확보한 위치 이상으로 나아가지 못할 것임을 보게 한다. 사고 확장은 미래에 바라는 바에 관해 질문을 던지는 것으로 그치지 않는다. 경제적인 제약 혹은 다른 어떤 제약이 존재하지 않는다면, 무슨 일이 일어날 수 있는가에 대해 무제한적이고 창의적이며 상상력 넘치는 꿈을 꾸도록 격려한다.

이와 같은 사고방식은 다음과 같은 질문이나 진술에 의해 자극을 받게 된다.

"만일 …한다면?"

"우리는 왜 …할 수 없는가?"

"…합시다."

"…한다면, 어떻게 될지 생각해 보세요."

"우리는 …할 필요가 있다."

EAP를 제공받는 근로자들이 어마어마한 프로젝트를 설계하거나 첨단 기계 내지 심지어 비행기 같은 것들을 만들지는 않을 것이다. 물론 그런 사람들이 혹 한 둘 있을지도 모르겠지만 대부분은 아주 작거나 지극히 평범해 보이는 업무를 보고 있을 것이다. 그러나 그들은 그들 나름의 의미 있는 삶을 만들어 가고 있으며 때때로 사고 확장으로 혜택을 입곤 한다. 여기에서 EAP는 근로자들에게 참으로 보람 있고 유익한 지원 서비스로서 자리 잡게 된다. EAP를 제공받는 수많은 근로자들이 서비스를 받기 이전보다 훨씬 나은 경력을 쌓아 가고, 회사에서 보다 인정받으며 중요한 프로젝트를 맡게 되거나 또는 조직의 리더로서 성과를 만들어 가고 있을지도 모른다.

㉢ 설계하기

EAP 프로그램을 설계하는 일은 직장의 문제해결을 위한 활동에 합리적인 기술을 제공해 주며 EAP에 대한 책임성을 높여준다. 나아가 EAP의 효율적인 실천을 가능케 해준다. 효율성이란 목적을 경제적으로 달성하는 것을 뜻한다. 최소의 비용과 노력으로 서비스 목표를 달성하기 위해서는 사전에 치밀한 계획이 필요하다. 또한 효과성을 증진시켜주며 책임성의 이행을 돕는 데에도 프로그램 설계는 매우 중요하다.

④ 힌트 및 과제

서비스이용자인 근로자와 관계형성이 되고, 욕구탐색이 이루어진 후, 구체적인 EAP의 목표가 '비전탐색 및 전략수립과 설계'를 통해 설정되면 다시 한 번 서비스이용자가 스스로 자신의 문제를 파악하고 동시에 그 문제를 해결하기 위해 노력할 의지가 있는지를 확인할 필요가 있다. 이를 위해 EAP 전문가는 '힌트' 제공하기를 통해 설정된 EAP의 목표를 서비스이용자인 근로자가 잘 인식하고 있는지를 재차 점검할 수 있다.

그러면서 뒤이어 성공적인 EAP 수행과 그에 따른 성과를 창출하기 위해 '과제'를 부여할 수 있다. 여기에서의 과제는 서비스이용자에게 절대 부담이 되어서는 안 된다. 오히려 EAP를 즐길 수 있도록 긍정적인 자극을 주면서 EAP를 기대하게끔 흥미로워야 한다. 또한 과제는 설정된 EAP의 목표를 실천할 수 있는 구체적인 행동을 실행하게끔 해야 한다. 결국 힌트 및 과제는 아래의 과제점검에서 다루게 될 '행동하기'로 이어져야 한다. 다시 말해 힌트 및 과제는 '행동하기'의 실제적인 내용이 된다.

⑤ 과제점검 : '행동하기'에 대한 점검

과제점검은 '행동하기'에서 수행되는 실질적인 내용을 구체적으로 점검하는 것이라 할 수 있다.

가. 행동하기

전략을 수립하고 프로그램을 설계하는 것은 서비스이용자에게는 매우 긍정적인 자극이 될 수 있다. 그러나 진전을 이루려면 말을 중단하고 행동을 취하기 시작해야 한다. 이것이 바로 EAP 전문가가 서비스이용자들을 이끄는데 종종 실패하는 지점이다. 모든 사람이 해야 할 일에 대해 동의하고 끝까지 해 내려는 좋은 의도를 가질 수 있다. 그러나 EAP가 제공된 결과로서 진전 여부를 점검하지 않으면, 서비스이용자인 근로자은 결코 어떤 행동을 취하는 쪽으로 발전해 나가지 못할 것이다. 그 결과, 아무런 변화도 일어나지 않는다.

그래서 일단 전략을 세우면, 적어도 초반에 EAP를 제공받으면서 작성하는 비전 선언서와 사명 선언서 등에서 표현된 '행동하려는 것'을 실천에 옮기기로 약속할 필요가 있다. EAP 전문가와 서비스이용자는 실천 과정의 끝까지 함께할 것을 약속하고 전 과정에 걸쳐 EAP 전문가는 서비스이용자를 대상으로 격려와 상담 등을 해야 한다. 서비스이용자는 행동을 취하고 앞으로 나아갈 것에 동의해야 한다. 만일 EAP 전문가가 다음과 같은 질문에 구체적인 확답을 얻어낼 수 있다면, 약속은 더욱 확고해진다.

첫째, 무엇을 제일 먼저 하려고 하는가?

둘째, 언제 시작하겠는가?

셋째, 언제 완수하겠는가?

넷째, 누구에게 말할 것인가? 이 질문의 의도는 다른 사람이 알고 있으면 약속은 더욱 확고해질 것이라는 데에 있다.

다섯째, EAP 전문가를 후원하고 당신에게 책임을 물을 사람이 누구인가?

여섯째, 1에서 10까지 점수를 매긴다면, EAP 전문가가 수행하기로 동의한 것을 이행할 가능성이 얼마나 되는가?

여기에서 강조할 것은 EAP는 앞으로의 가능성에 초점을 맞추는 것이지 과거의 실수에 초점을 맞추는 것이 아니라는 사실이다. 그러므로 '지금－여기' 그리고 '앞으로' 어떻게 행동할 것인지가 고려되어야 한다.

행동하기를 성공적으로 수행하기 위해 고려해야 할 사항은 다음과 같다.

첫째, '자신감 북돋아 주기'이다. EAP 전문가는 서비스이용자에게 의사소통 기술을 가르치고, 달성 가능한 작은 걸음을 옮기도록 격려하며, 가르치기 원하는 바를 모델로 보여 주고, 상대를 신뢰한다는 것을 보여 줌으로써, 서비스이용자의 자신감을 자극할 수 있다.

둘째, '긍정적인 반응하기'이다. 일관되고, 구체적이며, 솔직하고, 사랑이 담긴 반응을 받게 되면 사람들은 동기를 부여받게 된다. 자신이 하는 일의 결과를 눈으로 보고 몸소 경험하지 않는다면, 사람들은 영감을 잃을 것이며 앞으로 나아가기를 중단할 것이다.

셋째, '희망을 지켜주기'이다. EAP 전문가는 희망을 지켜 나가는 일에 전문가다. 이는 EAP의 핵심이다. 희망을 잃으면, EAP는 거의 효과가 없다.

넷째, 'EPIC 강조하기'이다. 이는 개인의 경험(Experience)과 참여(Participation), 이미지(Image) 그리고 유대감(Connectedness)을 강조하는 접근법이다. EAP를 제공받는 대부분의 근로자들은 뜬구름 잡는 식의 추상적인 강의를 듣고 싶어 하는 것이 아니다. 그들은 EAP를 통해 자신의 문제를 명료화하고, 현재 처해 있는 상황을 분별하며, 비전과 사명을 갖고 전략을 찾아내고, 비전을 실현하기 위해 행동을 취하는 일련의 이 모든 실천 과정에 참여하기를 원한다.

나. 점검하기

이상에서 다룬 '행동하기'의 내용들이 어느 정도 달성되었는지를 구체적으로 점검하여야 한다. 또한 목표설정에서 진행된 '비전탐색 및 전략수립과 설계'의 내용이 어느 정도로 행동화되어 성취되었는지도 살펴야 한다. 단 여기에서 주의해야 할 점은 서비스이용자인 근로자가 자신감을 갖고 EAP에 임할 수 있도록 격려와 인정, 칭찬 등의 '기제'를 적극 활용하면서 점검해야 한다는 것이다. 마치 평가를 하는 듯한 접근은 매우 조심해야 한다. EAP는 철저하게 서비스이용자의 강점을 확인하며 진행되는 서비스이기 때문이다.

⑥ 검사지 분석결과 설명 및 추가검사

앞서 수행했던 욕구탐색을 위한 검사 결과를 분석한 내용과 지속적으로 경험하고 있는 EAP의 효과성을 함께 고려하면서 서비스이용자인 근로자에게 친절한 설명을 제공해야 한다. 다만 검사지 분석결과에 대한 설명이 충분하지 못할 경우에는 추가검사를 할 수도 있다. 이 때 추가검사에서는 이전에 했던 검사지를 다시 사용할 수도 있으며 새로운 검사 도구를 활용할 수도 있다.

⑦ 종결을 위한 보고서 제공

준비된 EAP 서비스가 모두 진행되고 나면 EAP 전문가는 서비스 종결을 위한 보고서를 작성해야 하며 작성된 보고서는 서비스이용자인 근로자에게도 제공되어야 한다. EAP 전문가는 이러한 종결을 위한 보고서를 서비스이용자인 근로자가 보면서 EAP를 통해 변화된 자신의 모습을 인식하고 향후 지속적으로 변화된 상태를 유지하거나 스스로 더욱 발전된 모습으로 나아가고자 하는 동기를 유발하게끔 개입해야 한다.

2) 집단 서비스

집단활동을 통해 EAP를 제공함으로써 근로자의 고충을 집단 구성원들과 함께 해결해 나갈 수 있도록 원조한다.

본서에서는 1회기에 한하여 제공된 서비스 단계를 소개하고자 한다. 서비스 단계는 개별 서비스와 같이 도입 단계 ➜ 본 서비스 단계 ➜ 마무리 단계의 절차로 진행되며 구체적인 내용은 다음의 [그림 6-3]과 같다.

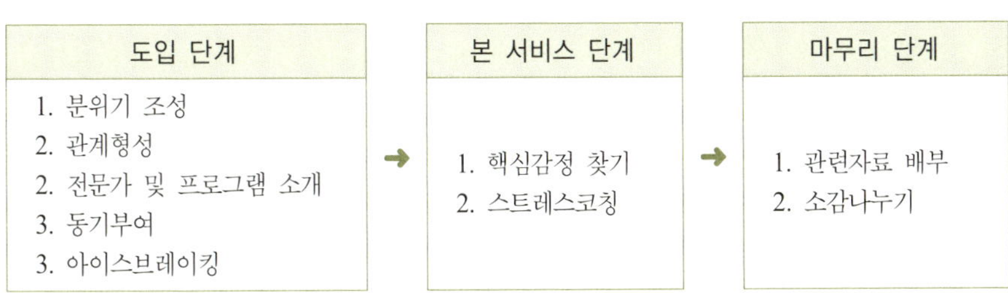

[그림 6-3] EAP 집단 서비스 진행 단계

① 분위기 조성

EAP 전문가와 집단의 관계는 그 자체가 집단 구성원들의 상호 이익을 위해 집단을 활용하려는 노력을 지지해 주는 수단이 된다. EAP 전문가는 자신이 집단 구성원들을 돌보고 있다는 점을 표현함으로써 그리고 집단 구성원들도 서로를 돌볼 수 있다는 기대감을 표현함으로써 구성원들이 서로를 지지할 수 있는 분위기를 설정해야 한다.

대부분의 집단 구성원들은 자신들의 공통된 목적과 기대 그리고 관심사뿐만 아니라 직장에서의 욕구 등을 인식하면서부터, 서로에 대한 긍정적·부정적 감정을 해소함으로써 서로를 지지하게 된다. 또한 그들은 EAP 전문가를 신뢰하고 확신하게 되면서 서로를 지지하고, EAP 전문가를 동일시하며 EAP 전문가의 지지적인 행동 가운데 일부를 자신의 성격과 인식의 틀 속에 통합시킨다.

② 관계형성

관계형성에 대한 많은 부분은 앞서 '개별 서비스 진행 단계'에서 다루었던 내용과 대체로 유사하나 한 가지 강조할 수 있는 것은 집단은 '관계의 실험실'이라는 점이다. 공통의 목적이 있을 때, 집단 구성원들은 이야기를 하고 활동에 참여하며, 다양한 긍정적·부정적 감정을 가지고 서로 관계를 형성한다는 사실이다. EAP 전문가는 집단의 내용과 구성원들이 EAP 전문가와 다른 구성원들이 관계를 맺는 방식 모두에 초점을 두게 된다. 실제로 EAP 현장에서 집단 구성원에 속한 근로자들이 비슷한 문제로 인해 함께 집단에 와서 이를 해결하거나 중재하려고 노력할 때, 집단관계 속에서 지지되고 양육되지 않으면 그들은 과업과 목적을 성취하는데 어려움을 겪게 될 가능성이 높아질 수 있다.

따라서 EAP 집단 서비스에서 지지적인 관계형성은 성공적인 서비스 결과를 이끌어내기 위한 원천이 된다. 이는 집단 구성원들이 다른 구성원들과 지지적인 관계를 유지하면서 상처를 받지 않기 때문이며 이러한 구성원들의 지지적인 관계는 안전한 환경을 제공하기 때문이다. 가령 집단 구성원 한 사람의 친밀한 감정과 염려는 EAP 전문가와 집단의 각 구성원 그리고 구성원들 간에 상호 신뢰관계가 형성되었을 때에만 파악될 수 있고 평가될 수 있다. 따라서 EAP 전문가가 진실하고 공감적이며 수용적일 때, 집단 구성원들이 자신들의 감정, 염려, 생각들을 자유롭게 표현할 수 있다.

③ 전문가 및 프로그램 소개

이렇게 관계형성이 이루어지게 되면 자연스럽게 EAP 전문가 본인에 대한 간략한 소개가 있게 되며 그 다음 향후 진행될 프로그램에 대한 전반적인 설명이 서비스이용자인 집단 구성원들에게 제공되어야 한다.

④ 동기부여

EAP 집단 서비스에 참여하는 근로자들이 바람직하게 변화되기 위해서는 스스로 원하는 변화의 목표를 달성하기 위한 집단에 대한 기대와 그 집단 속에서 본인이 활동하고자 하는 적극적인 동기가 있어야 한다. 이를 위해 EAP 전문가는 집단 구성원들에게 집단 활동에 대한 동기부여를 효과적으로 해야 한다.

⑤ 아이스브레이킹

EAP 집단 서비스가 성공적으로 개입되기 위해서는 무엇보다도 집단 구성원 간에 친밀감이 있어야 한다. 이를 위해 EAP에서는 처음의 서먹한 관계를 없애기 위해 '아이스브레이킹(icebreaking)'이라는 방법을 사용한다. 이와 같은 '아이스브레이킹'을 통해 집단 구성원들은 서로 간에 놓여 있는 심리적 장벽을 허물고 새로운 인간관계를 만들어 나갈 수 있게 된다.

⑥ 핵심감정 찾기

집단에 참여하는 근로자들은 자신의 문제에 대해서나 혹은 지금 자신이 느끼는 감정들을 명료하게 표현하지 못할 수 있다. EAP 전문가는 핵심감정을 찾아가는 방식을 통해 집단 구성원 각자가 자신의 감정을 분명하게 말할 수 있게 한다.

⑦ 스트레스코칭

EAP 집단 서비스를 통해 나타나거나 알려진 근로자들의 고충은 상당 부분 스트레스로 정리될 수 있다. 다시 말해 스트레스를 줄이게 되면 해결될 문제가 매우 많다는 것이다. 그러므로 EAP 전문가는 집단 구성원들의 스트레스를 감소시키거나 관리할 수 있도록 전문적인 '코칭'을 제공해야 한다.

⑧ 관련 자료 배부 및 소감 나누기

집단 활동을 통해 어느 정도 소기의 목적을 달성하게 되면 집단 종결을 위한 준비를 해야 한다. 이를 위해 집단 구성원 각자가 EAP 집단 서비스 이후에도 지속적으로 변화된 상태를 유지하거나 혹은 긍정적으로 변화시킬 수 있도록 관련 자료를 배부하거나 집단 서비스의 효과 등에 대한 소감을 나누는 작업이 필요하다.

3) 워크숍

워크숍 속에서 수행되는 프로그램 중의 하나인 특강은 참여대상이 있을 때, 특강에 대한 욕구가 확인될 때 제공할 수 있다. 참여대상은 담당자와 협의(신청자에 한하여 제공하거나 연령, 분야, 성별, 직급 등에 따라 제공)하여 결정할 수 있다. 단 참여인원은 가능한 한 50명 이상으로 하는 것이 경제적인 입장에서 볼 때 효율적이라고 본다.

한편, EAP 서비스 제공 기관(업체)이 제공하고자 하는 교육서비스는 기업 현장의 실정에 바탕을 둔 맞춤형 라이브티칭 프로그램이 되어야 하며 이는 워크숍의 형태로 진행될 필요가 있다. 방법은 부서별 또는 직급별로 교육 대상군을 정하여 시행하며 특강(3시간)이나 특별프로그램(가족캠프 1박 2일)의 형태로 운영할 수 있다. 실제적인 사례를 토대로 내용을 제시하면 다음과 같다.

〈표 6-1〉 명품인생을 위한 은퇴설계(특강)

모듈명	기 대 효 과
은퇴설계의 의미	은퇴에 대한 의미를 알고 현직에서 은퇴준비의 필요성을 인식한다.
은퇴준비 실태	은퇴준비의 실태를 파악하고 그에 따른 자신에게 꼭 맞는 은퇴에 필요한 욕구를 찾아본다.
생애시간과 라이프스타일	생애시간에 있어서 마지막 단계의 이슈인 은퇴를 자신의 라이프스타일에 맞추어 적절한 처방을 하고 실천할 수 있는 전략을 세운다.
명품인생을 위한 5가지 기둥	든든한 시니어가 되기 위하여 갖추어야 할 조건들을 습득하고 든든한 기둥이 될 수 있는 나에게 맞는 의미를 찾는다.

〈표 6-2〉 직무스트레스 해소를 위한 스트레스컨트롤트레이닝(워크숍)

구분	모듈명	기 대 효 과
개념	스트레스 돋보기	스트레스의 개념 및 효과적인 관리방안에 대한 올바른 자기인식을 정립한다.
훈련	효과적인 스트레스 관리전략(1) -행동습관 바꾸기- (신체이완법)	신체이완 기법의 실제적인 습득을 통하여 일상생활 속에서 즉시 적용이 가능하도록 한다.
	효과적인 스트레스 관리전략(2) -행동습관 바꾸기- (맛처방)	육미섭생 원리에 따른 식습관개선 방법 습득을 통하여 일상생활 속에서 즉시 적용이 가능하도록 한다.
	효과적인 스트레스 관리전략(3) -여가에너지 채우기-	여가와 스트레스의 상관관계 이해를 통하여 여가의 중요성을 이해하고 개인에게 적합한 설계를 수립하여 생활 속에서 실천할 수 있도록 한다.

〈표 6-3〉 조직활성화를 위한 에고커뮤니케이션 스킬업트레이닝(워크숍)

구분	모듈명	기 대 효 과
개념	에고커뮤니케이션의 이해	자신의 자아상태와 의사소통유형을 파악한다.
훈련	효과적인 커뮤니케이션 전략(1) -공감과 경청-	상대방의 마음을 읽고 적절한 언어로 표현함으로써 상대방의 마음을 열 수 있는 실제적인 방법을 습득한다.
	효과적인 커뮤니케이션 전략(2) -나 전달법-	상대방의 감정을 다치지 않게 하면서 자신의 생각과 감정을 효과적으로 표현할 수 있는 방법을 습득한다.

〈표 6-4〉 가족소통스쿨(특별프로그램)

모듈명	기 대 효 과
입학식	프로그램에 대한 흥미를 유도하고 가족응집력을 강화시킨다.
1학기	여가의 신개념을 익히고 가족의 여가꼴을 서로 이해한다.
졸업식	가족의 여가성향에 맞는 여가활동을 구체적으로 설계함으로써 활발한 가족소통을 유도한다.

제7장 평가 단계

EAP 실천에서 흔히 범하는 잘못은 EAP 활동 그 자체에 너무 관심을 쏟아부은 결과 EAP 실천의 성과를 파악하는 데에 소홀하다는 것이다. 평가는 EAP에 필수적이어야 한다. EAP에서의 평가 단계는 실천 과정 중간에 필요할 때마다 수행할 수 있는 '모니터링(점검)' '종결을 위한 서비스이용자 성과평가' '변화를 방해하는 장애물 찾기' '종결과 사후관리' '결과보고 및 최종평가'로 구성된다. 그리고 동시에 이는 평가 방법이 된다. 또한 EAP 실천 과정의 평가 단계에서 파악해야 할 내용 중 특히 중요한 것은 '변화를 방해하는 장애물 찾기'이다.

1. 모니터링(점검)

모니터링의 목적은 현재의 서비스 제공과 조정이 서비스이용자에게 어느 정도 만족스러운 상태인지 아닌지 혹은 새로운 변화의 필요성을 평가하기 위해 실시한다.

모니터링은 서비스이용자에 대해 수립된 실행 단계에서 정해진 서비스의 전달 과정을 추적하는 방법으로서 EAP 전문가에 의해 행해지는 활동적이고 유동적인 과성이라는 의미를 갖는다. 모니터링에는 전화접촉하기, 방문하기, 개별적 지지자를 확보하기 등이 있다. 그러므로 모니터링 활동은 업무시간의 유연성이 어느 정도 필요하다.

EAP 전문가는 모니터링을 위해 다음과 같은 일을 검토한다. 첫째, 서비스이용자 지원망의 구성원이 목표를 달성했고, 특정 활동을 수행하며, 그들의 책임을 이행하고, 적절한 시간 안배가 이뤄지고 있는지, 둘째, 서비스이용자에 대한 계획이 수립된 시점에서 욕구를 충족시킬 수 있는 필요한 서비스와 자원을 갖고 있는지, 셋째, 서비스이용자에 대한 서비스와 지원계획이 어느 정도 잘 이해되고 있는지, 넷째, 그 계획이 성공적인지 혹은 역행적인 결과를 가져오고 있는지 등이다.

또한 모니터링은 서비스이용자에 대한 장기간 보호를 전제로 할 때 상황에 대한 반복적인 평가가 필수적이며, 시간적인 간격을 두고 설정된 시점에 따라 공식적으로 평가가 요구되기도 한다. 실천 과정 초기에 파악했던 서비스이용자에 관한 정보는 적절한 시간에 수정할 필요가 생길 수 있다. 이 때 모니터링은 서비스이용자에 대한 보다 정확한 파악을 가능하게 도와준다.

2. 종결을 위한 서비스이용자 성과평가

종결을 위한 성과평가는 서비스이용자가 보통 EAP 전문가의 전문적 판단을 기초로 더 이상 서비스가 없어도 완전히 변화된 생활을 수행할 수 있도록 준비되었을 때 시행한다.

성과평가의 종류는 다음과 같다.

첫째, 투입평가이다. 이는 개입 계획 시에 구성된 전문 인력, 서비스, 자원이 목표로 한 서비스 목적을 달성하기에 적정한 것인가의 여부를 평가한다.

둘째, 과정평가는 서비스이용자에 대한 서비스와 지원계획에서 정해진 활동과 과업이 적절한 방법으로 수행되고 있는가의 여부를 평가한다.

셋째, 연관성 평가는 서비스이용자에 대한 서비스와 지원계획이 서비스이용자의 욕구에 부합하는 것인지를 평가하는 것이다. EAP 실천 과정에서 평가는 'EAP를 수행하는 EAP 전문가에 의해 형성되고 조정되는 서비스 계획, 구성요소, 활동이 과연 시간을 투자할 만한 가치가 있느냐 없느냐를 측정하기 위해 이용되는 과정'이라고 할 수 있다.

이와 같은 평가 단계를 통해서 서비스이용자의 변화목표 달성정도를 측정하게 된다. 평가 단계를 통해서 EAP 전문가는 다음과 같은 구체적인 활동을 한다.

첫째, 행동변화를 도표로 작성하고 측정한다.

둘째, 행동변화에 대한 서비스이용자의 느낌을 파악한다.

셋째, 전체 원조과정을 측정한다. 평가 단계를 갖게 되는 서비스이용자의 관점은 대략 두 가지로 설명할 수 있다. 하나, "내가 여기까지 왔다는 것을 믿을 수 없다." 둘, 진전사항에 대한 의기양양함과 상관없이 하나의 인간으로 계속 인정받고 싶은 욕구가 있다.

3. 변화를 방해하는 장애물 찾기

EAP를 통해 근로자들이 실천하기로 동의한 일을 하지 못하도록 가로막는 장애물에는 다음과 같은 것들이 있을 것으로 판단된다.

첫째, 근로자들이 무엇을 해야 하는지 구체적으로 알지 못한다.

둘째, 그것을 수행하는 방법을 모른다.

셋째, 왜 그 일을 해야 하는지를 모른다.

넷째, 자기가 그 일을 하고는 있으나 피드백을 받지 못한다고 생각한다.

다섯째, 해 봐야 효과가 없으리라 생각한다.

여섯째, 늘 해 왔던 자신들의 방법이 더 낫다고 생각한다.

일곱째, EAP 전문가가 제안했던 것보다 다른 것이 더 중요하다고 생각한다.

여덟째, 한다고 해도 아무런 성과가 없다.

이상과 같은 장애물에 대한 인식에는 한 가지 공통된 주제가 흐르고 있다. 곧 삶이란 에너지를 소진시키는 것으로 가득 차 있다는 것이다. 이는 까다로운 사람이나 일에서 오는 압박감, 충족되지 않는 욕구, 불안이나 우울증과 같은 감정 또는 인생의 사소한 일들이라 불리는 것들이다. 많은 이들에게 있어 책상에 쌓여 있는 서류철처럼 시간이 없는 사람들의 주의를 끌기 위해 조용히 부르짖고 있는 잡동사니 같은 일 같지 않는 일들이 에너지를 소진시키는 것이다.

에너지를 소진시키는 것들은 서비스이용자들을 목표에서 분산시키고, 전문가의 효과적인 서비스 제공능력을 붕괴시키며, 동기를 약화시키고, 서비스이용자들에게 좌절감과 낙심을 야기한다. EAP 전문가는 EAP를 제공받는 사람들이 에너지를 소진시키는 것이 무엇인지 식별하고 의논하여 이를 극복할 수 있도록 도와주어야 한다. 그렇지 않으면 에너지를 소진시키는 것들로 인해 계속해서 생명력이 고갈될 것이다.

다음은 에너지를 소진시키는 요인이 무엇인지를 식별한 후 이를 극복할 수 있게끔 돕는 몇 가지 질문으로 제시해 본 것이다.

첫째, 에너지를 소진시키는 대상이 시간이나 정력, 돈, 마음의 평안이란 측면에서 어떤 대가를 치르게 하는가? 대가가 큰 것에 초점을 맞추어 보라. 다른 것은 참고 견디거나 나중에 다루기로 하고 제쳐두라.

둘째, 그것은 시간이 지나면 사라질 것인가? 그렇다면 사라질 때까지 잠시 동안 견디도록 하라.

셋째, 에너지를 소진시키는 그것이 값비싼 대가를 요구하고 상당 기간 지속될 것 같다면, 이를 제거하거나 나에게 미치는 영향을 줄이기 위해 내가 취할 수 있는 행동은 무엇인가? 때때로 이런 행동이란 시간 관리 원칙을 적용하거나 일정에서 어떤 계획을 빼 버리는 것을 의미한다. 가장 골치 아픈 항목을 마무리 짓기 위해 당신의 행동 목록에서 상당한 시간을 내는 것을 뜻하기도 한다.

넷째, 이와 같은 에너지를 소진시키는 것들에서 긍정적인 면은 무엇인가? 그리고 나는 이로부터 무엇을 배울 수 있는가?

목록의 마지막 질문에 대해 생각해 보자. 예를 들어, 요구가 많은 어떤 사람이 당신의 에너지를 소진시키고 있다면 그 사람이 어떤 반응을 하기 원하시는지 물어

보라. 한계를 설정하는 것이 아마 적절할 것이다. 그러나 그 사람을 보살피는 것이 전문가에게 주어진 사명임을 기억할 필요가 있다. 이와 같은 인식의 과정이 바로 전문가들이 재구성(reframing)이라고 부르는 것이다. 전문가의 에너지를 소진시키는 낙심되는 상황을 다르게 구성하여 새로운 시각으로 보도록 할 필요가 있다. 가장 파괴적으로 에너지를 소모시킨다고 생각되던 것이 아름답고 보람된 무엇인가로 변할 수도 있을 것이다.

또한 EAP 전문가의 성취를 방해할 수 있는 내면적인 장애물들에도 주목할 필요가 있다. 대략 세 가지로 정리해 볼 수 있겠다.

첫째, '습관'이 있다. 우리는 자동적으로 행동이 이루어지도록 특정한 방식으로 일하는 법을 터득한다. 가령 자동차를 타고 방향을 바꿀 때 방향지시등을 켜서 방향전환 신호를 한다. 대부분의 사람들은 이 행동을 무의식적으로 하는데, 이는 습관이 되었기 때문이다. 회전 신호가 개발되기 전의 유리창 밖으로 팔을 내미는 식과 같은 지금과는 다소 다른 방식으로 신호를 하려 한다면, 사람들은 혼란스러워질 것이다. 많은 이들이 습관적인 방식으로 똑같이 일하고 좌절감에 반응하거나 새로운 프로젝트에 임할 때 똑같은 접근법을 사용한다. 이들 옛날 방식이 효율성이 높지 않다 하더라도 여전히 그 방식을 사용한다. 익숙하기 때문이다. 그리고 대개의 경우 그 방식이 미치는 영향을 의식조차 하지 못한다.

둘째, '두려움'이다. 안전지대를 벗어나서 다른 방식으로 일하는 것은 상당히 겁이 나는 일이다. 많은 서비스이용자들 중에는 변화에 대한 두려움을 가진 사람들이 있을 것이다. EAP 전문가가 변화의 필요성을 감지한다면, EAP 전문가는 서서히 서비스이용자로 하여금 변화의 필요성을 보게 하고 감행할 용기를 불러일으키는 과정을 진행시켜야 할 것이다.

셋째, '마음가짐'이다. 이것은 세상을 바라보는 방식이다. 세상과 인생에 대한 시각은 대부분 무의식적이며, 영향력이 있고, 잘 확립되어 있다. 마음가짐은 부모나 서비스이용자의 삶에 중대한 영향을 미친 사람들로부터 온 태도로 의문의 여지없이 수용되고 있는 것이다. 가령 "너는 아무 쓸모없는 인간이 될 것이다."라는 말을 되풀이해서 들으며 성장한 서비스이용자가 있다면 실제로 그는 "나는 아무것도 제대로 할 수 없다."는 자기 패배적인 마음가짐을 발전시켰을 것이다. 만일 그가 EAP 전문가에게 도움을 요청했다면, 그는 열정과 비전과 목표에 대하여는 몇 시간이고 말할 수 있을 것이다. 그러나 앞으로 나아가려 하면, 옛 태도가 머리를 들고 반론을 제기할 것이다. EAP 전문가는 이와 같은 태도를 살피고, 도전을 가하며, 다음과 같은 마음가짐으로 대치시킬 필요가 있다. "나는 해 낼 수 있어, 지지를 받는다면야 말할 것도 없고." "이 세상은 정말 살아 볼 만하다니까." "내가 시도하다가 죽을 쒀도 사람들은 여전히 나를 받아 줄 거야." "동료가 뭐라 생각하든 괜찮아. 나는 어쨌든 해 볼 거야."

4. 종결과 사후관리

종결과 사후관리의 목표는 서비스이용자가 EAP 전문가의 원조관계로부터 지역사회의 다른 자원으로 원만하게 이양하도록 돕는 데에 있다.

종결과 사후관리에서의 EAP 전문가의 활동은 다음과 같다.

첫째, 지역사회 내에서 가능한 지원서비스를 파악한다.

둘째, 사후관리계획을 작성한다.

셋째, EAP를 수행하는 EAP 전문가의 직접적인 도움 없이도 '처리해 나가는' 서비스이용자의 능력을 지지한다.

종결과 사후관리에서 겪게 되는 서비스이용자의 관점은 다음과 같다.

첫째, "내가 얼마나 많이 진전되었는지 알아요, 하지만 아직도 관계를 종결한다는 생각에 겁이 납니다."

둘째, 미래에 대해 공포를 갖는다.

셋째, EAP를 수행하는 EAP 전문가를 향한 분노와 친근감의 양가감정이 생긴다.

넷째, 버림받는다는 느낌을 갖는다.

다섯째, 원조경험을 다른 측면으로 대치하고 싶은 욕구가 생긴다.

5. 결과보고 및 최종평가

매달 수행된 상담진행 과정을 취합하여 월별 결과보고서를 작성하여 고객사에 보고하며, 모든 서비스가 종료된 후 최종적으로 결과보고 및 평가회의를 시행하여 사업을 종결한다.

근로자들에게 제공된 EAP 서비스에 대한 수행결과를 보고서를 통하여 점검하고 평가한다.

1) 만족도 평가

근로자들에게 제공된 EAP 서비스에 대한 전반적인 만족도를 측정하여 향후 서비스 개선에 반영한다.

2) 사후관리

1회에 한하며 EAP 전문가가 제공하고 제안한 내용들에 대한 점검을 시행한다.

3) 월별수행보고서

매월 이루어지는 서비스와 진행사항을 작성하여 보고한다.

4) 종합수행보고서

모든 서비스와 프로그램을 종결한 후 작성하여 보고한다.

5) 최종평가회의

월별수행보고와 종합수행보고에 대한 총괄평가 및 사업운영에 대한 전반적인 평가의 시간을 갖는다.

이렇게 EAP 평가 단계는 서비스 종결만을 목적으로 하는 것이 아니라 '평가는 한층 더 발전된 새로운 시작을 여는 출발'이라는 의미를 담고 있다.

부록

1. EAP 사업수행절차

EAP 사업계획서 제출	세부사업계획 수립	당 사
검토 및 확정	사업내용 및 타당성 검토 내용 수정 보완 및 최종확정	고객사 당 사
협정체결	상호 협정 사항 논의 계약서 작성	고객사 당 사
계약금 선지급	예상 최소인원의 서비스비용 최초 1개월분을 계약금으로 선지급	고객사
오리엔테이션 및 홍보	그룹 차원의 오리엔테이션 2회 실시	고객사 당 사
서비스 수행	인터넷 및 전화로 서비스 신청접수, 전담 매니저를 통한 전문가 연계 상담 2~4회기 실시, 특강 및 워크숍(별도예산책정)	당 사
월별 수행보고 및 비용청구	매월 각 사례를 취합하여 월별수행보고 및 수행 서비스 회기에 대한 비용청구 (매월 말일 정산 후 익월 5일까지 청구)	당 사
검토 및 비용지급	결과보고서 검토에 따른 비용 지급 (청구일로부터 10일 이내 지급) 선지급금 소진 이후부터 적용함	고객사
종합수행보고서 제출	최종월 수행보고서 제출 및 비용지급 종료 후 30일 이내에 종합수행보고서 제출	당 사
최종평가 회의 및 종결	서비스 효과 및 목표달성 정도 평가 전반적인 운영평가 향후 계획	당 사 고객사

출처 : 에스엘 EAP 연구소(2011). "2011년도 ○○사 근로자 지원프로그램 사업계획서 – 부제 : 키다리 아저씨 프로젝트". p. 23.

2. 사례회의 보고서

Case-conference

case	서비스 영역	운영자 홍길동
1	개인(건강관리)	
2	개인(성격관리)	
3	직무(대인관계)	

Case1 : 최ㅇㅇ(43/남)　　영역 : 개인(건강관리)

주요 욕구	건강 : 찾아가는 서비스로 스트레스 측정결과 혈관점수 68점으로 혈관계에 문제소견이 나타났다. 체계적인 관리를 받고 싶어한다.	
회기	내　용	다음 회기 점검내용
1회기 (○○월 ○○일)	목표설정 : 운동법과 식생활 검사지 : 생활습관 점검표, 여가꼴검사 〈과정〉 ① 생활습관점검, 운동습관점검 ② 운동법 안내(목표심박수 설정) ③ 식생활 안내(술 먹는 빈도수) 〈힌트주기〉 – 생활습관바꾸기(운동습관/식생활습관)	① 운동법 : 러닝은 40분미만(10－20－10)으로 하여 코어 EX 1차 적용함(복근, 등배근 강화운동), 스트레칭법(트레이너에게 점검 권유) ② 체력 향상을 위해 술의 양과 빈도 줄이기 ③ 한 달 뒤 점검
2회기 (○○월 ○○일)	〈과제점검〉 한 달 후 운동결과 이메일로 점검 〈과정〉 ① 술의 빈도수는 그대로이지만 양은 줄임 ② 운동처방대로 운동한 후 체력이 많이 좋아지고 운동시간과 부분적인 관리가 잘 되고 있음 ③ 규칙적으로 관리할 수 있도록 추가적인 관리 필요 〈힌트주기〉 2단계 강도의 운동으로 운동과정 이메일로 전달	현재의 운동 상태를 유지하면서 체력을 조금씩 키우는 것으로 하고 정보를 전달한 후 필요한 내용이나 모르는 내용이 있으면 재점검이 필요할 때 다시 추가상담이 가능하다고 전달하고 종결함
만족도	막연히 운동을 해야 한다는 생각만 가지고 있다가 순서와 방법을 알아서 좋았다. 그리고 내 건강에 대하여 체계적인 관리가 필요하다는 것을 알았다.	

Case2 : 김○○(30/남)　　영역 : 개인(성격관리)

주요 욕구	연애 : 사내에 좋아하는 여성이 생겼는데 연애경험이 없어 어떻게 해야할 지 잘 모르겠다. 자신감도 없고 순발력이 없어서 걱정이다.
회기	내 용
1회기 (○○월 ○○일)	목표설정 : 자신감 있는 나를 통하여 두려움 없이 연애하고 싶다. 검사지 : 스트레스 자가진단, 대처유형, 취약성, 에고그램 〈과정〉 ① 자신의 상황에 대한 경청 (고졸사원, 본사전환, 불행한 가정사, 우울증, 대인관계의 어려움, 나의 성격) ② 자신의 말을 들어줄 대상이 없어 힘들어 하였고 지속적인 분풀이 〈힌트주기〉 – 나에게 필요한 요소들 찾기 – 수치화된 결과를 통하여 조금씩 변화를 줄 수 있다는 자신감 줌 – 객관적인 나 찾기(긍정화훈련)/의사소통법/이미지컨설팅으로 다음 회기 계획
2회기 (○○월 ○○일)	〈과정〉 ① 일주일 동안의 일들 이야기함(이야기하지 않은 자신의 약점 이야기) ② 검사결과 점검(부정적인 나의 모습/스트레스로 고민이 많음/정서적 지지) ③ 10년 후 나의 모습 그리기 〈힌트주기〉 – 미래의 나의 모습에 부족한 부분을 채워 넣기 〈과제〉 – 30년을 살아오면서 가장 행복했던 일 적어오기 – 천천히 말하는 연습하기(발표자료 또박또박 50번 읽어오기) – 다음 주 교수법과 커뮤니케이션 설명
3회기 (○○월 ○○일)	〈과제점검〉 – 행복하게 하는 것들의 대부분이 혼자서 정신적인 만족을 얻는 형태로 나타남 〈과정〉 ① 여자가 좋아하는 남자의 모습 ② 내가 좋아하는 것은? ③ 내가 잘하는 것은? 〈힌트주기〉 – 나를 위한 긍정마음 갖기 연습을 할 수 있도록 실행 체크리스트 작성하기 〈과제〉 – 체크리스트 작성하여 10일 동안 수행하기
4회기 (○○월 ○○일)	〈과제점검〉 – 조금 하였지만 힘들어하고 가지고 오지 않음 〈과정〉 ① 미래에 내가 만들 가정의 모습 재확인(아버지에 대한 부정, 어머니에 대한 차가움을 조금씩 바꾸고 나로 변화하기 ② 나에게 필요한 5가지 요소 스스로 작성하기(긍정마음, 타인에게 관심 갖기, 풍부한 감정표현, 운동하기)
만족도	여자를 만나서 지금보다 새로운 가정을 꾸미고 싶다고 막연히 생각하던데서 한걸음 더 나아가 객관적으로 나를 점검하면서 스스로를 만들고 다듬어 가야 할 것이라 생각하였다. 당장은 어렵지만 연애, 결혼 그리고 행복한 가정을 만드는 것이 중요하다고 생각하였다.

Case3 : 장○○(31/여)　　영역 : 직무(대인관계)

주요 욕구	직무 : 상사와의 대인관계에 어려움이 있다. 관계개선을 위해 적극적으로 노력하고 싶은데 생각처럼 잘 안 된다. 좋은 방법을 찾고 싶다.
회기	내 용
1회기 (○○월 ○○일)	목표설정 : 대인관계 개선 검사지 : 스트레스 자가진단, 취약성, 에고그램(검사지 미리 전달) 〈과정〉 ① 현재 업무나 불편한 상태 파악 ② 힘든 대인관계 점검 ③ 검사결과 확인 〈힌트주기〉 – 생각바꾸기(3초의 법칙 책 소개) – 취약한 상태 점검 – 미운 사람에 대한 감정을 찾아 따뜻한 말 한마디로 다가가기
2회기 (○○월 ○○일)	〈과제점검〉 – 상사에게 따뜻한 말 한마디가 쑥스러웠다고 표현함(그래도 웃으면서 할 수 있었음) – 3초간이란 책을 읽으며 무의미한 것들에 민감하게 살았구나를 인식함 – 주변 사람들의 강점을 찾기 시작함 〈과정〉 ① 한 주 동안에 달라진 점을 이야기하며 자신을 내려놓기 시작함 ② 함께 일하는 계약직 직원도 나와 다르지 않다는 것을 알게 되어 마음이 편해짐 〈힌트주기〉 – 여가를 이용한 체계적인 발산법 안내 – 내가 하고 싶었던 보람된 일들로 재정리함(목표관리)
만족도	조금의 힌트가 너무 크게 다가와서 생활이 즐거워졌다.

3. 상담보고서

EAP 상담보고서 (NO :)	작 성 일	2012. ○○. ○○.
	EAP 전문가	홍길동 (인)

성명	김○○ (□ 남/ ■ 여)	나이	○○세
소속	○○그룹	직급	정규직
분야	개인영역	연차	○○개월
연락처		이메일	
주요욕구	다이어트법을 알고 싶다.		
서비스 목적	가족들에 비하여 많이 뚱뚱한 편이어서 항상 다이어트에 집중하는데 좀 더 효과적인 방법을 알기 원한다.		

회기별 서비스 내용	
1회기 (○○월 ○○일)	– 고충 : 다이어트가 가장 큰 문제이다. – 목표설정 : 생활습관을 점검하고 그에 따르는 적절한 신체점검을 한다. – 내용 : 습관점검(운동량, 음식섭취량, 수면상태)을 통하여 정서적인 상태나 스트레스 정도 점검필요(HRV 6, 피로도 C, 동맥나이 +3) – 검사(대처유형검사, 취약성 검사) – 힌트 : 부분적인 스트레스법 전달, 정확한 목표설정 – 향후계획 : 측정한 BMI 수치를 통하여 적절한 운동처방점검, 스트레스 취약영역과 대처유형검사를 통하여 스트레스상황에 대한 점검
2회기 (○○월 ○○일)	– 운동점검을 통하여 재관리가 필요하다는 것을 인식함 – 내용 : 남들이 보는 나와 내가 보는 나의 점검이 필요함. 현재 나의 상태를 다시 돌아볼 수 있는 시간으로 상담진행 – 힌트 : 운동을 하지 않으면 얻을 수 있는 것들 점검필요 – 전문가 조언 : 검사결과를 정리하여 취약한 영역과 관리가 필요한 영역에 대한 부분을 나누어 목표관리를 균등하게 할 필요가 있을 것으로 판단됨 – 향후계획 : 인생의 목표 그리기, 내가 잘하는 것, 내가 좋아하는 것들에 대한 부분을 점검하여 다음 회기에 가지고 오기로 약속
3회기 (○○월 ○○일)	– 숙제검사(인생맵 그리기, 좋아하는 것과 행복해하는 것 구분하여 정리 – life balance를 위해 목표설정과 균등분류할 수 있도록 함께 점검 – 여가와 휴식으로 자기관리 필요 – 검사(여가꼴 검사) – 힌트(다이어트 이외에 할 수 있는 꿈의 목록을 모두에게 선포하기)

4. 참여자 소감문

〈직무영역〉 Case 1

– 연령 : 30대
– 성별 : 여성
– 분야 : 직무스트레스

입사 8년차로 직원들과의 관계갈등, 상사와의 소통부재로 스트레스 수준이 높은 상황이었다. 스트레스로 인하여 잦은 편두통과 안구건조증을 호소하였고, 나도 모르게 주위 사람들에게 짜증을 내고 있었다.

친구들과 술 마시고 수다를 떨며 스트레스를 해소한다고는 했지만, 정작 잘 풀리지는 않는 것 같고 해서 기대 반, 의구심 반으로 EAP 서비스를 신청하였다.

처음 전문가와 통화했던 순간이 기억난다. 유선상으로 들려오는 따뜻한 목소리가 내 얼어붙은 마음을 녹이는 듯 했고, 다정한 목소리가 미팅을 기대하게끔 만들었다.

드디어 조용한 카페에서 '키다리 아저씨'로 불리는 EAP 전문가를 만났다.

나는 전문가를 만나면서 특별히 이런 점들이 큰 도움이 되었다.

첫째, 전문가가 나의 고충상황을 질책도, 꾸중도 하지 않고 공감하면서 들어줬을 때 내가 인정받고 있구나 하는 생각이 들어 마음에 큰 위안이 되었다.

둘째, 다양한 검사지를 통하여 내가 어떤 영역에서 스트레스에 취약해있는지, 스트레스를 잘 받는 성향인지 아닌지, 의사소통을 할 때 나의 강점과 개선점이 무엇인지도 구체적으로 알 수 있어서 유익했다. 특히, 바람직한 의사소통지침은 내가 실천에 옮기자마자 상대방에게 긍정적인 반응을 얻고 있어 지금까지도 잘 활용하고 있다.

셋째, 취약한 스트레스 영역에 맞게 다양한 정보를 얻었는데, 이 내용들이 실용적이고 바로 실천할 수 있어서 좋았다. 예를 들어, 신체호소증상에 맞는 신체동작과 함께 내게 맞는 음식처방은 색다른 정보였다.

EAP 서비스는 그동안 알고 있었던 것처럼 심리상담이 아니었다. 나로 하여금 즐거운 마음으로 변화할 수 있도록 도와주었고, 행동하는 사람으로 변화시켜 나를 성장하게 만들었다.

〈개인영역〉 Case 1

– 연령 : 30대
– 성별 : 남성
– 분야 : 건강관리

입사 10년차로 최근 들어 살도 많이 찌고 건강검진 때 콜레스테롤 수치가 높게 나왔다. 건강에 적신호가 켜진 후에야 체계적인 운동법을 알고 싶어 고민하게 되었는데 도대체 누구에게 도움을 받아야할지 몰라서 망설이다가 회사에서 프로그램을 지원해주는 것을 알고 신청하게 되었다.

'키다리 아저씨' 전문가를 만나서 내게 필요한 영역을 이야기하고 생활습관을 점검받게 되었다. 매장에서 서서 일하는 근무형태가 나의 건강 중 순환장애와 스트레스로 악영향을 미치고 있었고 그러한 것들이 일상화가 되어서 나쁜 습관이 되어버린 것이었다.

혈액순환에 도움이 되는 힌트와 다양한 검사지를 통하여 건강에 대해 체계적으로 점검받으면서 생활에 바로바로 적용할 수 있어 참 유익했다. 그동안 나는 운동은커녕 습관 바꾸기는 할 수도 없고 할 시간이 없다고 생각했었다. 그랬는데, '키다리 아저씨'가 꾸준한 관리를 지속적으로 해주어서 정말 많은 도움을 받았다. 주변사람들에게도 꼭 추천하고 싶은 프로그램이다.

〈개인영역〉 Case 2

– 연령 : 20대
– 성별 : 여성
– 분야 : 재무관리

입사 6년차로 첫 직장에 대한 기대와 기쁨으로 처음엔 하고 싶은 것도 많고 해야 할 일도 많아 파란만장한 계획을 세우며 직장생활을 시작하였다. 그런데 지금 돌아보니 입사초기에 계획했던 대로 이룬 것은 아직 하나도 없고, 지출이 너무 많아 저축을 할 수 있는 여유와 결혼자금도 없어 지금이라도 설계가 필요할 것 같아서 상담을 받게 되었다.

처음 전화 통화에서 '키다리 아저씨'가 내게 권하기를 현재 투자하고 있는 내용과 가지고 있는 보험, 매달 나가는 생활비에 대한 내용을 확인해서 상담할 때 가지고 오라 했을 때, 나는 "없는데요!"라고 말하며 "카드빚만 있어요!"라고 하였더니, 카드빚도 자산이니 구체적인 금액을 가지고 오라고 하였다.

지금까지 내고 있던 보험과 나가는 비용들에 대한 명세서를 들고 상담을 시작하면서, 그동안 별다른 목표 없이 운영했던 급여가 이제는 내 미래를 설계해주는 급여가 되도록 조금씩 준비하게 되었다.

결혼에 꼭 필요한 자금과 지금 내 나이에 꼭 있어야할 보험, 재설계하여야할 연금 등 다양한 방법들을 가지고 서비스를 받으며 부모님이 생각났다. 우리 부모님을 위한 은퇴자금 설계도 받아볼 수 있으면 좋겠다는 생각에 이야기했더니 근로자만 서비스가 가능하다는 말에 조금은 실망을 하였다. 하지만 내겐 너무도 큰 소득을 안겨준 프로그램이다. 지금 함께 일하고 있는 우리 회사 직원들도 키다리 아저씨를 한번쯤은 꼭 만나보았으면 좋겠다. 적극 추천한다.

참 / 고 / 문 / 헌

강인숙·김지영·유영금·정인숙·정태근 (2006). 인간행동과 사회환경. 서울: 태영출판사.

권진숙·박지영 (2009). 사례관리의 이론과 실제 2판. 서울: 학지사.

김대성 (2006). 한국형 근로자지원프로그램(EAP)의 개발 및 적용가능성 연구. 한국산업안전공단 산업안전보건연구원.

김동배·이윤로 (2004). 집단사회사업의 실천과 평가. 파주: 21세기사.

노동부·근로복지공단 (2010). 선진기업복지제도 업무매뉴얼.

노병일 (2000). 미국 근로자원조 프로그램(EAP)의 진선과 향후 방향. 사회과학논문집. 19(1), 563－587.

노인철·서문희·김영래 (1997). 음주의 경제사회적 비용과 정책과제. 한국보건사회연구원.

류병호 (1994). 술 텔레비전. 서울: 여민.

박해웅·최수찬(2005). 근로자의 스트레스가 우울, 자아존중감, EAPs 욕구에 미치는 영향에 관한 연구. 한국사회복지조사연구. 12, 1－22.

에스엘 EAP 연구소 (2010). 신개념 EAP 서비스 제안. (주) 에스엘 컨설팅.

에스엘 EAP 연구소 (2011). 2011년도 ○○사 근로자지원프로그램 사업계획(안): 키다리 아저씨 프로젝트. (주) 에스엘 컨설팅.

왕은자·김계현 (2007). 근로자지원프로그램(EAP) 및 기업상담의 연구동향 분석: 효과연구를 중심으로. 상담학연구. 8(4), 1411－1433.

우종민 (2010). 우종민 교수의 뒤집는 힘. 서울: 리더스북.

이강숙 (2000). 사업장 내에서의 근로자들의 스트레스 극복전략 수립 및 실천적 기법 개발에 관한 연구. 서울: 한국산업안전공단 산업안전보건연구원.

이기돈 (1996). 직무만족에 영향을 미치는 직무스트레스 요인에 관한 이론적 연구. 배재논총. 1(1), 305－335.

이정환·노병일·변보기 (2001). 산업복지론. 서울: 대학출판사.

이준우·손덕순 (2010). 정신보건사회복지론. 고양: 서현사.

이준우·임원선 (2011). 전문 사회복지실천론. 서울: 인간과복지.

이준우·임원선·이화옥 (2006). 사회복지실천론. 서울: 인간과복지.

장세진 (2002). 우리나라 근로자들의 직무스트레스 현황 및 실태. 제10회 기초의학(공동) 학술대회 및 2002년도 대한예방의학회 춘계심포지엄 자료집.

장혁표 (1990). 산업현장에서의 상담자교육을 위한 집단훈련프로그램의 개발. 교육연구. 1(1), 225－338.

최수찬 (2003). 직장인 스트레스 감소전략의 모색: 근로자원조프로그램(Employee Assistance Program)을 중심으로. 연세사회복지연구. 9, 155－178.

최수찬 (2004). 기업근로자의 사회심리적 당면문제에 관한 연구: 한국적 근로자 지원프로그램(EAPs)의 도입을 위한 논의. 한국사회복지행정학. 6(1), 71－103.

한국경제 60년사 편찬위원회 (2010). 한국경제 60년사 Ⅴ: 사회복지·보건. 한국개발연구원.

함정화·김광기·김명순 (2001). 산업장 근로자의 음주양태 및 음주관련 문제에 관한 연구. 한국알콜과

학회지. 2(1), 14－29.

이치가와 카오루 (2004). 종업원 지원 프로그램 EAP 도입의 순서와 운용. 김현수·조현진·박진희 옮김 (2010). 서울: 민지사.

Anderson, C. & Stark, C. (1988). Psychosocial Problems of Job Relocation: Preventive Role in Industry. *Social Work*. 33(1), 38－41.

Anema, John C. Jr. & Sligar, Steven R. (2010). Innovation in the Workplace: Evaluation of a Pilot Employee Assistance Program Serving Persons with Disabilities. *Journal of Rehabilitation*. 76(4).

Arnold, J., Cooper, C. L. & Robertson, I. T. (1995). *Work Psychology: Understanding Human Behavior in the Workplace* (2nd ed.). London: Pitman.

Barker, R. L. (ed.). (1995). *The Social Work Dictionary* (3rd ed.). Washington DC: NASW Press.

Bronfenbrenner, U. (1979). *The Ecology of human development: experiments by nature and design*. Cambridge: Harvard University Press.

Chapman, G. (1996). 5가지 사랑의 언어. 장동숙 옮김 (1997). 서울: 생명의말씀사. *The Five Love Languages*.

Conger, J. A. & Kanungo, R. N. (1988). The empowerment process: integrating theory and practice. *Academy of Management Review*. 13(3), 471－482.

Decker, J. T., Starrett, R. & Redhorse, J. (1986). Evaluating the Cost－Effectiveness of Emplyoyee Assistance Programs. *Social Work*. 31(5), 391－393.

DHHS(Department of Health and Human Services) (1999). *Employee Assistance Program: Frequently Asked Questions*.

DiNitto, D. M. & McNeece. (1997). *Social Work: Issues and Opportunities in a Challenging Profession* (2nd ed.). Boston, MA: Allyn and Bacon.

Flynn, M. S. (1996). *Employee Assistance Programs in the United States: Overview of Issues and Trends*.

Frone, M. R., Russell, M. & Cooper, M. L. (1992). Antecedents and outcomes of work－family conflict: Testing a model of the work－family interface. *Journal of Applied Psychology*. 77(1), 65－78.

Garvin, C. D. & Tropman, J. E (1992). *Social Work in Contemporary Dociety*. Englewood Cliffs, NJ: Prentice－Hall.

Golan, Maya. & Bamberger, Peter. (2009). The Cross－Cultural Transferability of a Peer－Based Employee Assistance Program (EAP): A Case Study. *Journal of Workplace Behavioral Health*. 24(4). Taylor & Francis Group, LLC.

Googins, B. & Davidson, B. N. (1993). The organization as client: Broadening the concept of employee assistance programs. *Social Work*. 38(4), 477-484.

Googins, B. & Godfrey, J. (1987). *Occupational Social work*. Englewood Cliffs, NJ: Prentice Hall.

Higgins, C., Duxbury, L. E. & Irving, R. H. (1992). Work－family conflict in the dual career family. *Organizational Behavior and Human Decision Processes*. 51, 51－75.

Holloway, R. (1991). Information Technology Foundations for Professional Social Work Practice: An MSW (Social Service Administration) Curriculum Focus. *Computers in Human Services*. 9(3), 249－262.

Jacobson, Jodi M. & Jones, Andrea L. (2010). Standards for the EAP Profession: Isn't It Time We All Start Speaking the Same Language?. *Journal of Workplace Behavioral Health*. 25(1). Taylor & Francis Group, LLC.

Lindquist, Christine H., McKay, Tasseli., Clinton－Sherrod, A. Monique., Pollack, Keshia M., Lasater, Beth M. & Walters, Jennifer L. Hardison. (2010). The Role of Employee Assistance Programs in Workplace－Based Intimate Partner Violence Intervention and Prevention Activities. *Journal of Workplace Behavioral Health*. 25(1). Taylor & Francis Group, LLC.

Masi, D. A. (1982). Human Services in Industry. *Baltivore*, MD: Sheppard Pratt.

Mattaini, M. A., Lowery, C. T., Meyer, C. H. (1995). 사회복지실천이론의 토대. 이팔환 외 15인 공역(1999). 서울: 나눔의 집. *The foundations of social work practice: a graduate text*. (2nd ed).

Matthews, K. A., Cottington, E. M., Talbot, E., Kuller, I. H. & Siegel, J. M. (1987). Stressful work conditions and diastolic blood pressure among blue collar factory workers. *Am J Epidemiol*.

McCann, Bernard., Azzone, Vanessa., Merrick, Elizabeth L., Hiatt, Deirdre., Hodgkin, Dominic. & Horgan, Constance M. (2010). Employer Choices in Employee Assistance Program Design and Worksite Services. *Journal of Workplace Behavioral Health*. 25(2). Taylor & Francis Group, LLC.

McCarthy, De. & Steck, S. (1990). *Social Work in Private Industry: Assessing the Corporate Culture in Occupational Social Work Today* (ed) by Shulamith Lata Ashenberg Stranssner, New York: The Horworth Press.

On－Call (1997). 24hr. Confidential Phone Counseling Employee Assistance Program. http://www.On－Call.org

Pollack, Keshia M., Austin, Whitney. & Grisso, Jeane Ann. (2010). Employee Assistance Programs: A Workplace Resource to Address Intimate Partner Violence. *Journal of Women's Health*. 19(4). Mary Ann Liebert, Inc.

Pollack, Keshia M., Cummiskey, Chris., Krotki, Karol., Salomon, Michele., Dickin, Allison., Gray, Whitney. & Grisso, Jean Ann. (2010). Reasons Women Experiencing Intimate Partner Violence Seek Assistance From Employee Assistance Program. *Journal of Workplace Behavioral Health*. 25(3). Taylor & Francis Group, LLC.

Punell－Bond, C. (1997). Have You Seen Your EAP Today? An Overview of Employee Assistance in the 90s. *Counseling Today* (On Line edition). 39(7).

Ramanathan, C. S. (1992). EAP's Response to Personal Stress and Productivity: Implications for Occupational Social Work. *Social Work*. 37(3), 234－239.

SAMHSA(Substance Abuse and Mental Health Services Administration). The. n.d. *Employee*

Assistance Programs.
Tyler, D. H. (1996). Aiding troubled employees: The prevalence, cost and characteristics of employee assistance programs in the United States. *American Journal of Public Health.* 86.
U. S. Department of Labor (1990). *What Works: Workplaces without Drugs*. Washington, DC: Department of Labor.
Van Den Berge, N. (1995). Employee assistance programs. In R. L. Edwards & J. G. Hopps (Eds.). *Encyclopedia of Social Work.* 842－848. Washington, DC: National Association of Social Workers.

－ 온라인 자료 －

(사) 한국 EAP 협회 (http://www.hieap.net)
경향신문 (http://www.khan.co.kr)
고용노동부 (http://www.moel.go.kr)
근로복지공단 (http://www.kcomwel.or.kr)
에스엘 EAP 연구소 (http://www.koreaeap.co.kr)
에스엘 컨설팅 (http://www.slconsult.co.kr)
웹스터 사전 (http://www.merriam－webster.com)
화성시남부노인복지관 (http://www.hssenior.or.kr)
Life Plan Employee Assistance Program (http://www.lifeplan－eap.com)
Managed Health Network (http://eap4soc.mhn.com)
On－Call (http://www.On－Call.org)
Optima Health Virginia Beach, VA (http://www.optimahealth.com)
Reliant Behavioral Health, LLC(RBH) EAP (http://www.myrbh.com)

찾 / 아 / 보 / 기

〈저자소개〉

채 준 안

숭실대학교 대학원 사회복지학 석사·박사
(주) 에스엘 컨설팅 대표이사(Stress & Life Balance)
에스엘 EAP 연구소 대표
한국노인인력개발원 자문위원
한국사회복지사협회 자격제도위원
경기도소방학교·서울소방학교·인천소방안전학교 PTSD 강사
(사) 한국디지털치료레크리에이션협회 회장
숭실대학교 사회복지대학원 겸임교수

이 준 우

숭실대학교 대학원 사회복지학 석사·박사
강남대학교 사회복지전문대학원 교수
강남대학교 사회복지대학 학장
강남대학교 사회복지전문대학원 원장
화성시남부노인복지관 관장
에스엘 EAP 연구소 자문위원
사회복지법인 베데스다복지재단 이사
사회복지법인 말아톤복지재단 이사

한국 EAP의 이해와 실천
Employee Assistance Program 근로자 지원프로그램

2012년 3월 20일 1판 1쇄 인쇄
2012년 3월 25일 1판 1쇄 발행

지은이 채준안·이준우
펴낸이 조재성
펴낸곳 서현사
(410－817) 경기도 고양시 일산동구 백석2동 1332－1 레이크하임 206호
전화 031－919－6643 팩스 031－912－6643
등 록 2002년 8월 14일 제 03－01392호

ISBN 978－89－94044－39－2 93330
정 가 14,000원